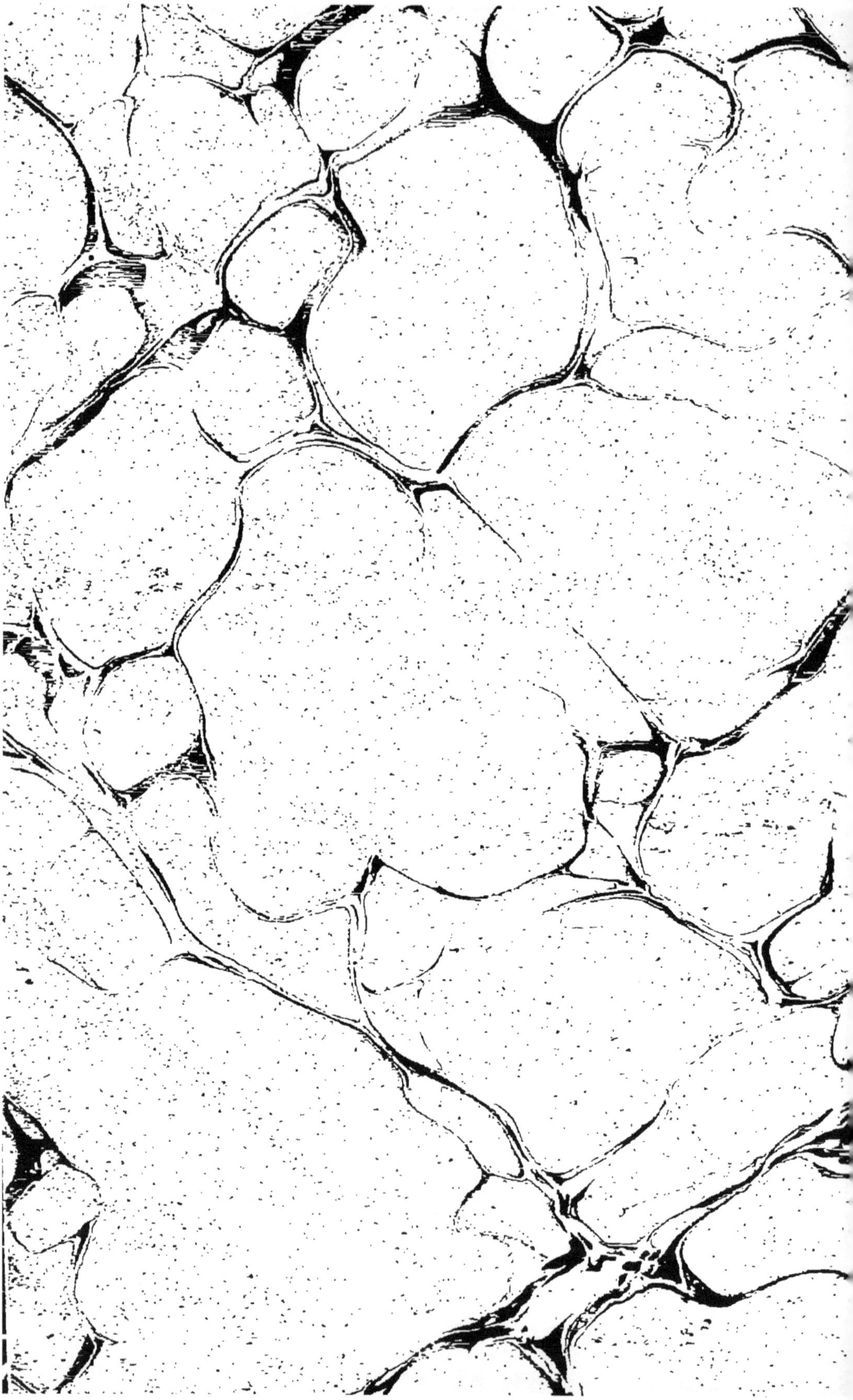

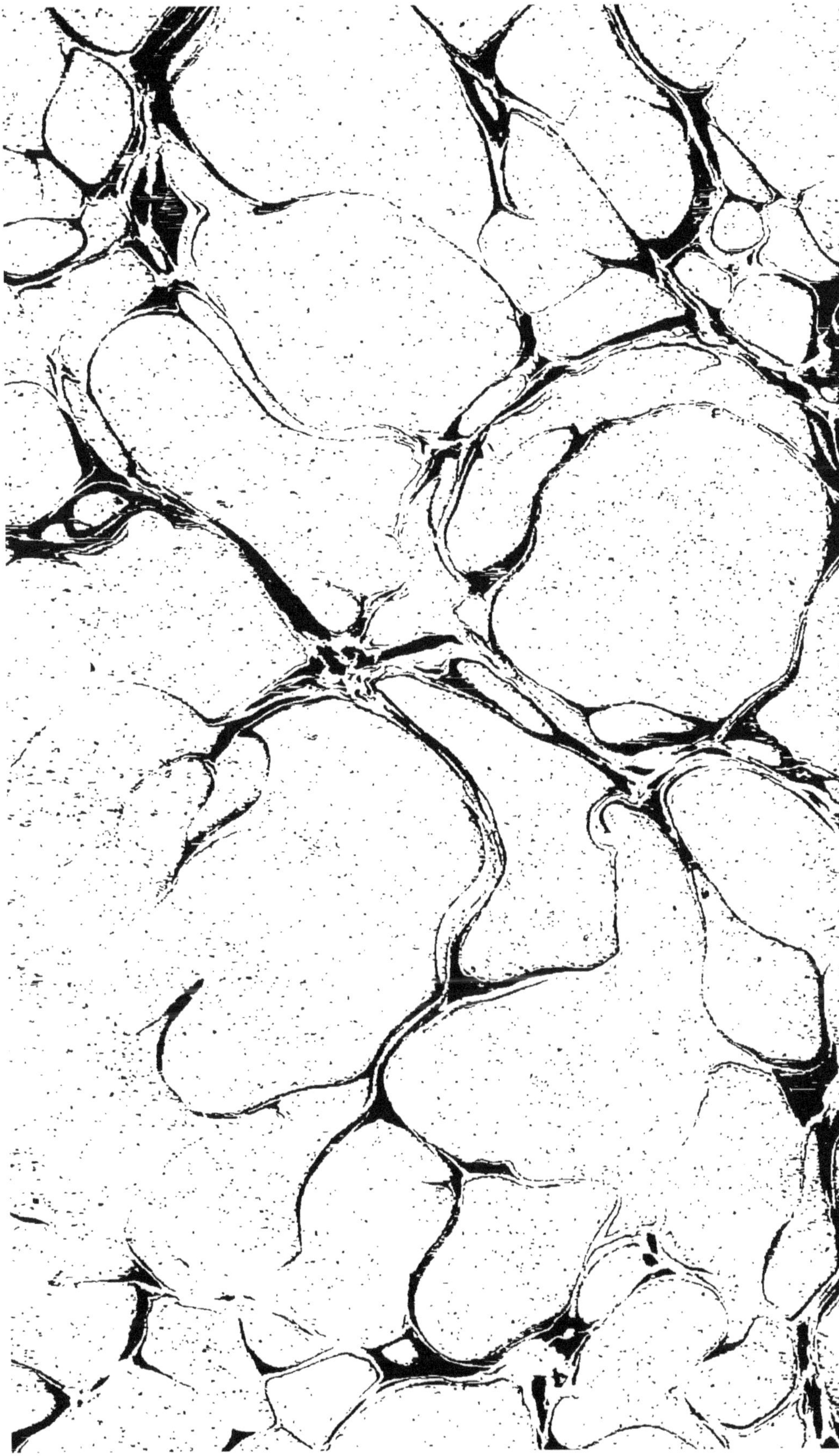

TABLEAU
ET
REVOLUTIONS
DES
COLONIES ANGLOISES
DANS L'AMÉRIQUE SEPTENTRIONALE.

TOME PREMIER.

TABLEAU
ET
RÉVOLUTIONS
DES
COLONIES ANGLOISES
DANS L'AMÉRIQUE SEPTENTRIONALE.

PAR

GUILLAUME THOMAS RAYNAL.

TOME PREMIER.

AMSTERDAM,

CHEZ LA COMPAGNIE DES LIBRAIRES.

1781.

TABLEAU ET RÉVOLUTIONS DES COLONIES ANGLOISES DANS L'AMÉRIQUE SEPTENTRIONALE.

I Idée de la Nouvelle-Ecosse. Les François s'y établissent. Leur conduite dans cette possession.

LE nom de Nouvelle-Ecosse, qui désigne aujourd'hui la côte de trois cents lieues, comprise depuis les limites de la Nouvelle-Angleterre, jusqu'à la rive méridionale du fleuve Saint-Laurent, ne paroît avoir exprimé dans les premiers tems qu'une grande péninsule de forme triangulaire, située vers le milieu de ce vaste espace. Cette péninsule, que les François appelloient Acadie, eſt très-propre par ſa poſition, à ſervir d'aſyle aux bâtimens qui viennent des Antilles. Elle leur montre de loin un grand nombre de ports excellens, où l'on entre & d'où l'on ſort par tous les vents. On voit beaucoup de morue ſur ſes rivages, & encore davantage ſur de petits bancs qui n'en ſont éloignés que de quelques lieues. Le continent voiſin attire par l'appât de quelques pelleteries. L'aridité de ſes côtes, offre du gravier pour ſécher le poiſſon; & la bonté des terres intérieures invite à toutes ſortes de cultures. Ses bois ſont propres à beaucoup d'uſages. Quoique ſon climat ſoit dans la zone tempérée, on y éprouve des hivers longs & rigoureux, ſuivis tout-à-coup de chaleurs exceſſives, d'où ſe forment d'épais brouillards, qui rarement ou du moins lentement diſſipés, ne rendent pas ce ſéjour mal-ſain, mais peu agréable.

Ce fut en 1604, que les François s'établirent en Acadie, quatre ans avant d'avoir élevé la plus petite cabane dans le Canada. Au lieu de ſe fixer à l'eſt de la péninſule, qui préſentoit des mers vaſtes, une navigation facile, une grande abondance de morue, ils préférèrent une baie étroite qui n'avoit aucun de ces avantages. Elle fut appellée depuis, Baie Françoiſe. On a prétendu qu'ils avoient été ſéduits par le Port-Royal, qui peut contenir mille vaiſſeaux à l'abri de tous les vents, dont le fond eſt par-tout excellent, & qui a toujours quatre ou cinq braſſes d'eau, & dix-huit à ſon entrée. Il eſt plus naturel de penſer que les fondateurs de la colonie choiſirent cette poſition, parce qu'elle les approchoit des lieux où abondoient les pelleteries, dont la traite excluſive leur étoit accordée. Ce qui fortifie cette conjecture, c'eſt que les premiers monopoleurs, & ceux qui les remplacèrent, prirent toujours à tache d'éloigner de l'exploitation des forêts, de l'éducation des beſtiaux, de la pêche, de la culture, tous ceux de leurs compatriotes que leur inquiétude ou des beſoins avoient amenés dans cette contrée : aimant mieux tourner l'activité de ces aventuriers vers la chaſſe & vers la traite avec les ſauvages.

Un désordre, né d'un faux système d'administration, ouvrit enfin les yeux sur les funestes effets des privilèges exclusifs. Ce seroit outrager la bonne-foi & la vérité, qui doivent être l'ame d'un historien, de dire que l'autorité commença à respecter en France les droits de la nation, dans un tems où ils étoient le plus ouvertement violés. Jamais on n'y connut ce mot sacré, qui peut seul assurer le salut des peuples, & donner la sanction au pouvoir des rois. Mais dans les gouvernemens les plus absolus, on fait quelquefois par esprit d'ambition, ce que les gouvernemens justes & modérés font par principe de justice. Les ministres de Louis XIV, qui vouloient faire jouer un grand rôle à leur maître, pour représenter eux-mêmes avec quelque dignité, s'apperçurent qu'ils n'y réussiroient point sans l'appui des richesses; & qu'un peuple à qui la nature n'avoit pas accordé des mines, ne pouvoit avoir de l'argent que par l'agriculture & par le commerce. L'un & l'autre avoient été jusqu'alors étouffés dans les colonies, par les entraves qu'on met à tout, en voulant se mêler de tout. Elles furent heureusement rompues : mais l'Acadie ne put ou ne sut pas faire usage de cette liberté.

La colonie étoit encore au berceau, lorsqu'elle vit naître, à son voisinage, un établissement qui devint depuis si florissant, sous le nom de Nouvelle-Angleterre. Le progrès rapide des cultures de cette nouvelle colonie, attira foiblement l'attention des François. Ce genre de prospérité ne mit entre les deux nations aucune rivalité. Mais dès qu'ils purent soupçonner qu'ils auroient bientôt un concurrent dans le commerce du castor & des fourrures, ils cherchèrent le moyen d'en être seuls les maîtres ; & ils furent assez malheureux pour le trouver.

Lorsqu'ils arrivèrent en Acadie, la péninsule & les forêts du continent voisin, étoient remplies de petites nations sauvages. Ces peuples avoient le nom général d'Abenaquis. Quoiqu'aussi guerriers que les autres nations sauvages, ils étoient plus sociables. Les missionnaires s'étant insinués aisément auprès d'eux, vinrent à bout de les entêter de leurs dogmes, jusqu'à les rendre enthousiastes. Avec la religion qu'on leur prêchoit, ils prirent la haîne du nom Anglois, si familière à leurs apôtres. Cet article fondamental de leur nouveau culte, étoit celui qui parloit le plus à leurs sens, le seul qui favorisât leur passion pour la guerre : ils l'adoptèrent avec la fureur qui leur étoit naturelle. Non contens de se refuser à tout commerce d'échange avec les Anglois, ils troubloient, ils ravageoient souvent les frontières de cette nation. Les attaques devinrent plus continuelles, plus opiniâtres & plus régulières, depuis qu'ils eurent choisi pour leur chef Saint-Casteins, Capitaine du régiment de Carignan, qui s'étoit fixé parmi eux, qui avoit épousé une de leurs femmes, & qui se conformoit en tout à leurs usages.

Le gouvernement de la Nouvelle-Angleterre n'ayant pu, ni ramener les sauvages par des présens, ni les détruire dans leurs forêts où ils s'enfonçoient, d'où ils revenoient sans cesse, tourna toute son indignation contre l'Acadie, qu'il regardoit avec raison comme le mobile unique de tant de calamités. Dès que la moindre hostilité commençoit à diviser les deux métropoles, on attaquoit la péninsule. On la prenoit toujours, parce que toute sa défense résidoit dans le Port-Royal, foiblement entouré de quelques palissades, & qu'elle se trouvoit trop éloignée du Canada pour en être secourue. C'étoit sans doute quelque chose aux yeux des nouveaux Anglois, de ravager cette colonie & de retarder ses progrès : mais ce n'étoit pas assez pour dissiper les défiances qu'inspiroit une nation toujours plus redoutable par ce qu'elle peut que par ce qu'elle fait. Obligés à regret de rendre leur conquête à chaque pacification, ils attendoient impatiemment que la supériorité de la Grande-Bretagne fût montée au point de les dispenser de cette restitution. Les événemens de la guerre pour la succession d'Espagne amenèrent ce moment décisif, & la cour de Versailles se vit à jamais dépouillée d'une possession, dont elle n'avoit point soupçonné l'importance.

II. La France est forcée de céder la Nouvelle-Ecosse à l'Angleterre.

La chaleur que les Anglois avoient montrée à s'emparer de ce territoire, ne se soutint pas dans les soins qu'on prit de le garder ou de le faire valoir. Après avoir légérement fortifié Port-Royal, qui prit le nom d'Annapolis, en l'honneur de la reine Anne, on se contenta d'y envoyer une garnison médiocre. L'indifférence du gouvernement passa dans la nation; ce qui n'est pas ordinaire aux pays où règne la liberté. Il ne se transporta que cinq ou six familles Angloises dans l'Acadie. Elle resta toujours habitée par ses premiers colons. On ne réussit même à les y retenir, qu'en leur promettant de ne les jamais forcer à prendre les armes contre leur ancienne patrie. Tel étoit l'amour que l'honneur & la gloire de la France inspiroient alors à tous ses enfans. Chéris de leur gouvernement, honorés des nations étrangères, attachés à leur roi par une suite de prospérités qui les avoit illustrés & agrandis, ils avoient ce patriotisme qui naît des succès. Il étoit beau de porter le nom

François, il eût été trop affligeant de e quitter. Aussi les Acadiens, qui ivoient juré, en subissant un nouveau oug, de ne jamais combattre contre eurs premiers drapeaux, furent-ils ippellés les François neutres.

Quelle puissante exhortation que cet exemple d'attachement & mille autres qui l'ont précédé, qui l'ont suivi, au monarque de la France de travailler sans cesse au bonheur d'une pareille nation, d'une nation si douce, si fière & si généreuse? Un forfait fut quelquefois le crime d'un individu ou d'une société particulière, mais jamais il ne fut celui des sujets. Ce sont les François qui savent souffrir avec une patience infinie les plus longues, les plus cruelles vexations, & montrent les plus sincères, les plus éclatans transports de la reconnoissance, au moindre signe de la clémence de leur souverain. Ils l'aiment, ils le chérissent; il ne tient qu'à lui d'en être adoré. Le souverain qu'ils mépriseroient seroit le plus méprisable des hommes; le souverain qu'ils haïroient, le plus méchant des souverains. Malgré tous les efforts que l'on a faits, pendant des ſiécles pour éteindre dans nos ames le ſentiment patriotique, il n'exiſte peut-être chez aucune nation plus vif & plus énergique. J'en atteſte notre allégreſſe dans les événemens glorieux qui ne ſoulageront point notre miſére. Que ne ferions-nous point, ſi la félicité publique devoit ſuccéder à la gloire de nos armes ?

Il y avoit douze à treize cents Acadiens dans la capitale; les autres étoient répandus dans les campagnes. On ne leur donna point de magiſtrat pour les conduire. Ils ne connurent pas les loix Angloiſes. Jamais il ne leur fut demandé ni cens, ni tribut, ni corvée. Leur nouveau ſouverain paroiſſoit les avoir oubliés, & lui-même il leur étoit tout-à-fait étranger.

III. Mœurs des François qui, dans la Nouvelle-Ecoſſe, reſtent ſoumis au gouvernement d'Angleterre.

La chaſſe qui avoit fait anciennement les délices de la colonie, & qui pouvoit encore la nourrir, ne touchoit plus un peuple ſimple & bon, qui n'aimoit point le ſang. L'agriculture étoit ſon occupation. On l'avoit établie dans des terres basses, en repoussant à force de digues la mer & les rivieres dont ces plaines étoient couvertes. On retira de ces marais cinquante pour un dans les premiers tems, & quinze ou vingt au-moins dans la suite. Le froment & l'avoine étoient les grains qui y réussissoient le mieux : mais le seigle, l'orge & le maïs y croissoient aussi. On y voyoit encore une grande abondance de pommes de terre, dont l'usage étoit devenu commun.

D'immenses prairies étoient couvertes de troupeaux nombreux. On y compta jusqu'à soixante mille bêtes à corne. La plupart des familles avoient plusieurs chevaux, quoique le labourage se fit avec des bœufs.

Les habitations, presque toutes construites de bois, étoient fort commodes, & meublées avec la propreté qu'on trouve quelquefois chez nos laboureurs d'Europe les plus aisés. On y élevoit une grande quantité de volailles de toutes les especes. Elles servoient à varier la nourriture des colons, qui étoit généralement saine & abondante. Le cidre & la bierre formoient leur boifſon. Ils y ajoutoient quelquefois de l'eau-de-vie de ſucre.

C'étoit leur lin, leur chanvre, la toiſon de leurs brebis, qui ſervoient à leur habillement ordinaire. Ils en fabriquoient des toiles communes, des draps groſſiers. Si quelqu'un d'entre eux avoit un peu de penchant pour le luxe, il le tiroit d'Annapolis ou de Louisbourg. Ces deux villes recevoient en retour, du bled, des beſtiaux, des pelleteries.

Les François neutres n'avoient pas autre choſe à donner à leurs voiſins. Les échanges qu'ils faiſoient entre eux étoient encore moins conſidérables, parce que chaque famille avoit l'habitude & la facilité de pourvoir ſeule à tous ſes beſoins. Auſſi ne connoiſſoient-ils pas l'uſage du papier-monnoie, ſi répandu dans l'Amérique Septentrionale. Le peu d'argent qui s'étoit comme gliſſé dans cette colonie, n'y donnoit point l'activité qui en fait le véritable prix.

Leurs mœurs étoient extrêmement ſimples. Il n'y eut jamais de cauſe civile ou criminelle aſſez importante, pour être portée à la cour de justice établie à Annapolis. Les petits différents qui pouvoient s'élever de loin en loin entre les colons, étoient toujours terminés à l'amiable par les anciens. C'étoient les pasteurs religieux qui dressoient tous les actes, qui recevoient tous les testamens. Pour ces fonctions profanes, pour celles de l'église, on leur donnoit volontairement la vingt-septieme partie des récoltes.

Elles étoient assez abondantes pour laisser plus de facultés que d'exercice à la générosité. On ne connoissoit pas la misere, & la bienfaisance prévenoit la mendicité. Les malheurs étoient, pour ainsi dire, réparés avant d'être sentis. Les secours étoient offerts sans ostentation d'une part; ils étoient acceptés sans humiliation de l'autre. C'étoit une société de freres, également prêts à donner ou à recevoir ce qu'ils croyoient commun à tous les hommes.

Cette précieuse harmonie écartoit jusqu'à ces liaisons de galanterie qui troublent si souvent la paix des familles. On ne vit jamais dans cette société de commerce illicite entre les deux ſexes. C'eſt que perſonne n'y languiſſoit dans le célibat. Dès qu'un jeune homme avoit atteint l'âge convenable au mariage, on lui bâtiſſoit une maiſon, on défrichoit, on enſemençoit des terres autour de ſa demeure; on y mettoit les vivres dont il avoit beſoin pour une année. Il y recevoit la compagne qu'il avoit choiſie, & qui lui apportoit en dot des troupeaux. Cette nouvelle famille croiſſoit & proſpéroit, à l'exemple des autres. Toutes enſemble compoſoient une population de dix-huit mille ames.

Qui eſt-ce qui ne ſera pas touché de l'innocence des mœurs & de la tranquillité de cette heureuſe peuplade? Qui eſt-ce qui ne fera pas des vœux pour la durée de ſon bonheur? Qui eſt-ce qui n'élève pas par la penſée une muraille inexpugnable, qui ſépare ces colons de leurs injuſtes & turbulens voiſins? On ne voit point de terme au mal-être des peuples; le terme de leur bien-être eſt au contraire toujours prochain. Il faut une longue ſuite d'événemens favorables pour les tirer de la miſère; il ne faut qu'un inſtant pour les y précipiter. Puissent les Acadiens être exceptés de cette malédiction générale! Hélas! je crains bien qu'il n'en soit rien.

Les Anglois sentirent, en 1749, de quel profit pouvoit être à leur commerce la possession de l'Acadie. La paix, qui devoit laisser beaucoup de bras dans l'inaction, donnoit par la réforme des troupes un moyen de peupler & de cultiver un terrein vaste & fécond. Le ministère Britannique offrit à tout soldat, à tout matelot, à tout ouvrier qui voudroit aller s'établir en Acadie, cinquante acres de terre, & dix pour toute personne que chacun d'eux ameneroit de sa famille: quatre-vingts acres aux bas-officiers, & quinze pour leurs femmes & pour leurs enfans: deux cents aux enseignes, trois cents aux lieutenans, quatre cents aux capitaines, six cents aux officiers d'un grade supérieur, avec trente pour chacune des personnes qui dépendroient d'eux. Avant le terme de dix ans, le terrein défriché ne devoit être sujet à aucune redevance, & l'on ne pouvoit, à perpétuité, être taxé à plus d'une livre deux ſols ſix deniers d'impôt pour cinquante acres. Le tréſor public s'engageoit d'ailleurs à avancer ou rembourſer les frais du voyage; à élever des habitations; à fournir tous les outils néceſſaires pour la culture ou pour la pêche ; à donner la nourriture de la première année. Ces encouragemens déterminèrent, au mois de mai 1749, trois mille ſept cents cinquante perſonnes à quitter l'Europe, où elles riſquoient de mourir de faim, pour aller vivre en Amérique.

La nouvelle peuplade étoit deſtinée à former un établiſſement au ſud-eſt de la péninſule d'Acadie, dans un lieu que les ſauvages appellèrent autrefois Chibouctou, & les Anglois enſuite Hallifax. C'étoit pour y fortifier le meilleur port de l'Amérique, pour établir au voiſinage une excellente pêcherie de morue, qu'on avoit préféré cette poſition à toutes celles qui s'offroient dans un ſol plus abondant. Mais comme c'étoit la partie du pays la plus favorable à la chaſſe, il fallut la diſputer aux Mikmacks, qui la fréquentoient le plus. Ces ſauvages défendirent avec opiniâtreté un territoire qu'ils tenoient de la nature ; & ce ne fut pas ſans avoir eſſuyé d'aſſez grandes pertes, que les Anglois vinrent à bout de chaſſer ces légitimes poſſeſſeurs.

Cette guerre n'étoit pas encore terminée, lorſqu'on apperçut de l'agitation parmi les François neutres. Ces hommes ſimples & libres, avoient déja ſenti qu'on ne pouvoit s'occuper ſérieuſement des contrées qu'ils habitoient, ſans qu'ils y perdiſſent de leur indépendance. A cette crainte, ſe joignit celle de voir leur religion en péril. Des paſteurs échauffés par leur propre enthouſiaſme ou par les inſinuations des adminiſtrateurs du Canada, leur perſuadèrent tout ce qu'ils voulurent contre les Anglois, qu'ils appelloient hérétiques. Ce mot, qui fut toujours ſi puiſſant pour faire entrer la haîne dans des ames ſéduites, détermina la plus heureuſe peuplade de l'Amérique à quitter ſes habitations, pour ſe tranſplanter dans la Nouvelle France, où on lui offroit des terres. La plupart exécutèrent cette réſolution du moment, ſans prendre aucune précaution pour l'avenir. Le reſte se disposoit à les suivre, quand il auroit pris ses sûretés. Le gouvernement Anglois, soit humeur ou politique, voulut prévenir cette désertion par une sorte de trahison, toujours lâche & cruelle dans ceux à qui l'autorité donne les moyens de la douceur & de la modération. Les François neutres qui n'étoient pas encore partis furent rassemblés, sous prétexte de renouveller le serment qu'ils avoient fait autrefois au nouveau maître de l'Acadie. Dès qu'on les eut réunis, on les embarqua sur des navires qui les transporterent dans d'autres colonies Angloises, où le plus grand nombre périt de chagrin encore plus que de misère.

Tel est le fruit des jalousies nationales, de cette cupidité des gouvernemens qui dévore les terres & les hommes. On compte pour une perte tout ce que gagne un voisin, pour un gain tout ce qu'on lui fait perdre. Quand on ne peut prendre une place, on l'affame pour en faire mourir les habitans. Si l'on ne peut la garder, on la met en cendres, on la rase. Plutôt que de se rendre, on fait sauter un vaisseau, une fortification, par le jeu des poudres & des mines. Le gouvernement despotique met de grands déserts entre ses ennemis & ses esclaves, pour empêcher l'irruption des uns & l'émigration des autres. L'Espagne a mieux aimé se dépeupler elle-même, & faire de l'Amérique un cimetière, que d'en partager les richesses avec les Européens. Les Hollandois ont commis tous les crimes secrets & publics, pour dérober aux autres nations commerçantes la culture des épiceries: souvent ils en ont jetté des cargaisons entières dans la mer, plutôt que de les vendre à bas prix. Les François ont livré la Louysiane aux Espagnols, de peur qu'elle ne tombât aux mains des Anglois. L'Angleterre fit périr les François neutres de l'Acadie, pour qu'ils ne retournâssent pas à la France. Et l'on dit ensuite que la police & la société sont faites pour le bonheur de l'homme! Oui, de l'homme puissant; oui, de l'homme méchant.

IV. Etat actuel de la Nouvelle-Ecosse.

Depuis l'émigration d'un peuple qui devoit son bonheur & ses vertus à son obscurité, la Nouvelle-Ecosse ne fit que languir. L'envie, qui avoit dépeuplé cette terre, sembla l'avoir flétrie. Du moins la peine de l'injustice retomboit-elle sur les auteurs de l'injustice. Les calamités si multipliées en Europe, y pousserent à la fin quelques malheureux. On en comptoit vingt-six mille en 1769. La plupart étoient dispersés. On ne les voyoit réunis en quelque nombre, qu'à Hallifax, à Annapolis & à Lunebourg. Cette derniere peuplade, formée par des Allemands, étoit la plus florissante. Elle devoit ses progrès à cet amour du travail, à cette économie bien ordonnée, caracteres distinctifs d'une nation sage & belliqueuse, qui contente de défendre son pays, n'en sort guere que pour aller cultiver des contrées qu'elle n'est point jalouse de conquérir.

Cette année, la colonie expédia quatorze navires & cent quarante-huit bateaux, qui formoient sept mille trois-cents vingt-quatre tonneaux. Elle reçut vingt-deux navires & cent vingt bateaux, qui formoient sept mille six tonneaux. Elle construisit trois chaloupes, qui ne passoient pas cent dix tonneaux.

Ses exportations pour la Grande-Bretagne & pour les autres parties du globe, ne passerent pas 729, 850 liv. 12 sols 9 den.

Malgré les encouragemens que la métropole n'avoit cessé de prodiguer à cet établissement, pour accélérer ses cultures, il avoit lui-même emprunté 450,000 l. dont il payoit un intérêt de six pour cent. Il n'avoit pas alors de papier-monnoie, & n'en a pas depuis imaginé.

Les troubles qui bouleversent maintenant l'Amérique Septentrionale, ne sont pas arrivés jusqu'à la Nouvelle-Ecosse. Elle en a même tiré quelques avantages. Sa population a été portée à quarante mille ames, par l'arrivée des citoyens circonspects ou pusillanimes, qui fuyoient la guerre. La nécessité de pourvoir aux besoins des armées & des flottes Britanniques, a fait multiplier les subsistances. Un numéraire immense, jetté dans la circulation par les troupes, a tout animé, communiqué aux hommes & aux choses un mouvement rapide.

Si les autres colonies se détachent enfin de leur métropole & que la Nouvelle-Ecosse lui soit conservée, cette province, qui n'étoit rien, deviendra très-importante. Aucun moyen de prospérité ne lui manque. Ses pâturages sont propres à l'éducation des troupeaux, & ses champs à la multiplication des grains, sur-tout à la culture du lin & du chanvre. On connoît peu de côtes aussi favorables que les siennes aux grandes pêcheries; & ses bateaux peuvent faire aisément sept voyages au grand banc de Terre-Neuve, lorsque ceux de la Nouvelle-Angleterre n'en font que cinq avec beaucoup de difficulté. Les isles Angloises lui fourniront des débouchés sûrs, faciles & presque exclusifs.

La crainte d'une invasion ne tiendra pas les esprits dans l'inquiétude. Hallifax, qui n'étoit autrefois défendu que par quelques batteries, bien ou mal disposées, est maintenant entouré de bonnes fortifications, qu'on peut augmenter encore.

V. Fondation de la Nouvelle-Angleterre.

La Nouvelle-Angleterre s'est signalée, comme l'ancienne, par des fureurs sanglantes. La fille se ressentit de l'esprit de vertige qui tourmentoit la mère. Elle dut sa naissance à des tems orageux, & les convulsions les plus horribles affligerent son enfance. Découverte au commencement du siecle dernier, sous le nom de Virginie septentrionale, elle ne reçut des Européens qu'en 1608. Cette premiere peuplade, foible & mal dirigée, se perdit dans ses fondemens. On y vit ensuite arriver par intervalles quelques aventuriers, qui plantant des cabanes durant l'été, pour faire un commerce d'échange avec les sauvages, disparoissoient comme ceux-ci le reste de l'année. Le fanatisme, qui avoit dépeuplé l'Amérique au Midi, devoit la repeupler au Nord. Les presbytériens Anglois, que la persécution avoit rassemblés en Hollande, ce port universel de la paix & de la liberté, lassés de n'être rien dans le monde, après avoir été martyrs dans leur patrie, résolurent d'aller fonder une église pour leur secte, dans un nouvel hémisphère. Ils acheterent donc, en 1621, les droits de la compagnie Angloise de la Virginie septentrionale: car ils n'étoient pas assez pauvres pour attendre leur prospérité de leur patience & de leurs vertus.

Le 6 Septembre 1621, ils s'embarquerent à Plimouth, au nombre de cent vingt perſonnes, ſous les drapeaux de l'enthouſiaſme, qui fondé ſur l'erreur ou ſur la vérité fait toujours de grandes choſes. Elles arriverent au commencement d'un hiver qui fut très-rigoureux. Le pays, entiérement couvert de bois, n'offroit aucune reſſource à des hommes épuiſés par la fatigue du voyage qu'ils venoient de faire. Il en périt près de la moitié de froid, de ſcorbut & de miſère. Le reſte ſe ſoutint par cette vigueur de caractere, que la perſécution religieuſe excitoit dans des victimes échappées au glaive ſpirituel de l'épiſcopat. Mais ce courage commençoit à s'affoiblir, lorſque la viſite de ſoixante guerriers ſauvages, qui vinrent au printems avec un chef à leur tête, ranima toutes les eſpérances. La liberté s'applaudit d'avoir rapproché des extrémités du monde, ces deux peuplades ſi différentes. Elles ſe lierent par des promeſſes ſolemnelles de ſervice & d'amitié. Les anciens habitans céderent aux nouveaux, à perpétuité, toutes les terres voiſines de l'établiſſement que ceux-

ceux-ci venoient de former ſous le nom de Nouvelle-Plimouth. Un ſauvage, qui ſavoit un peu la langue Angloiſe, reſta chez les Européens, pour leur enſeigner la culture du maïs, & la maniere de pêcher ſur la côte qu'ils habitoient.

Cette humanité mit les premiers colons en état d'attendre des compagnons, des animaux domeſtiques, des graines, tous les ſecours qui devoient leur venir d'Europe. Ces moyens d'établiſſement, arriverent d'abord lentement, puiſqu'au commencement de 1629, on ne comptoit encore que trois cents perſonnes: mais la perſécution contre les Puritains, qui augmentoit chaque jour en Angleterre, hâta leur accroiſſement en Amérique. L'année ſuivante, il en arriva un ſi grand nombre, que ce fut une néceſſité de les diſperſer. Les peuplades qu'ils établirent, formerent la province de Maſſachuſet. Bientôt ſortirent de ſon ſein les colonies du nouvel Hampshire, de Connecticut & de Rode-Iſland, qui furent autant d'états ſéparés, & qui obtinrent chacune une charte particuliere de la cour de Londres.

Le sang des martyrs fut, dans tous les lieux & dans tous les tems, une semence de prosélytisme. On n'avoit vu d'abord passer en Amérique, que quelques ecclésiastiques, privés de leurs bénéfices pour leurs opinions; que des sectaires obscurs, que les dogmes nouveaux s'attachent en foule parmi le peuple. Les émigrations devinrent peu-à-peu communes dans d'autres classes de citoyens. Avec le tems même, les plus grands seigneurs que l'ambition, l'humeur ou la conscience avoient entraînés dans le puritanisme, imaginerent de se ménager d'avance un asyle dans ces climats éloignés. Ils y firent bâtir des maisons, défricher des terres, avec le dessein de s'y retirer, s'ils échouoient dans le projet d'établir la liberté civile, sous l'abri de la réformation. Le fanatisme, qui répandoit l'anarchie dans la métropole, introduisoit la subordination dans la colonie; ou plutôt des mœurs austeres tenoient lieu de loix dans un pays sauvage.

VI. Gouvernement établi dans la Nouvelle-Angleterre.

Les habitans de la Nouvelle-Angleerre vécurent quelque tems en paix, ans ſonger à donner une baſe ſolide à eur bonheur. Ce n'eſt pas que leur harte ne les autoriſât à établir la forne de gouvernement qui leur convienlroit: mais ces enthouſiaſtes ne s'en ccupoient pas; & la métropole ne prenoit pas aſſez d'intérêt à leur deſtinée, our les preſſer d'aſſurer leur tranquilité. Ce ne fut qu'en 1630 qu'ils ſenirent la néceſſité de donner une forme leur colonie.

On convint à cette époque d'avoir ous les ans une aſſemblée, dont les déutés ſeroient nommés par le peuple, ù ne pourroient ſiéger que les memres de l'égliſe établie, & qui ſeroit préidée par un chef, ſans autorité particuliere. Il fut fait en même temps deux églemens remarquables. Le premier ixoit le prix du bled. Par le ſecond, les auvages devoient être dépouillés de outes les terres qu'ils ne cultiveroient pas; & il étoit défendu à tous les Européens, ſous peine d'une forte amende, de leur vendre des liqueurs fortes ou des munitions de guerre.

Le conſeil national étoit chargé de

régler les affaires publiques. C'étoit encore une de ses obligations de juger tous les procès : mais avec les seules lumieres de la raison, & sans le secours ou l'embarras d'aucun code.

On n'imagina pas non plus des loix criminelles : mais celles des Juifs furent adoptées. Le sortilege, le blasphême, l'adultere, le faux-témoignage furent punis de mort. Les enfans assez dénaturés pour frapper ou pour maudire les auteurs de leurs jours, attiroient sur eux le même châtiment. Ceux qui seroient surpris en mensonge, dans l'ivresse ou à la danse, devoient être fouettés publiquement, & le plaisir étoit interdit comme le vice ou le crime. Le jurement & la violation du dimanche étoient expiés par une forte amende. C'étoit encore une douceur d'expier avec de l'argent une omission de priere ou un serment indiscret.

Cette conduite annonce un peuple livré à la plus vive superstition. Elle fut poussée si loin, qu'on changea le nom des jours & des mois, comme ayant une origine payenne. Le nom de SAINT fut également ôté aux apôtres, à leurs ſucceſſeurs, à tous les lieux connus ſous cette dénomination, afin de n'avoir pas cette apparence de communauté avec l'égliſe de Rome. D'autres innovations auſſi bizarres ſont encore atteſtées par les monumens les plus authentiques.

Il eſt également prouvé que le gouvernement défendit, ſous peine de mort, aux puritains, le culte des images, comme autrefois Moyſe avoit défendu aux Hébreux le culte des dieux étrangers; que la même punition étoit décernée contre les prêtres catholiques qui reviendroient dans la colonie après en avoir été bannis.

Toute l'Europe fut étonnée d'une intolérance ſi révoltante. Mais chaque ſecte chrétienne n'a-t-elle pas toujours borné le nom d'injuſtice, de violence & de perſécution aux rigueurs dont elle étoit la victime? N'a-t-elle pas mis au nombre de ſes dogmes ou de ſes préjugés, que la punition, l'exil, le ſupplice de ceux qu'elle appelloit impies, étoit un hommage à la vengeance céleſte, un droit des élus de Dieu contre ſes ennemis? Cette rage a été bien plus active contre des partisans dont on se voyoit abandonné. Dans les familles religieuses comme dans les autres, la haîne fraternelle est la plus sanglante de toutes. Les apostats sont les premiers dévoués à l'exécration, à l'anathême des dévots.

Tel est l'indélébile & funeste caractere des malheurs engendrés par la superstition, qu'ils ne cessent jamais que pour se renouveller. Tous les cultes partent d'un tronc commun, qui subsiste & qui subsistera à jamais, sans qu'on ose l'attaquer, sans qu'on puisse prévoir la nature des branches qu'il repoussera, sans qu'il soit permis d'espérer d'en arracher une seule qu'avec effusion de sang. Il y auroit peut-être un remede : ce seroit une si parfaite indifférence des gouvernemens, que sans aucun égard à la diversité des cultes, les talens & la vertu conduisissent seuls aux places de l'état & aux faveurs du souverain. Alors, peut-être, les différentes églises se réduiroient à des différences insignifiantes d'école. Le catholique & le protestant vivroient aussi paisiblement l'un à coté de l'autre, que le cartésien & le newtonien. Nous disons peut-être, parce qu'il n'en est pas des matieres de religion, ainsi que des matieres de philosophie. Le défenseur du plein ou du vuide ne croit ni offenser ni honorer Dieu par son systême. Le plus zèlé ne compromettroit pour sa défense ou sa propagation, ni son repos, ni son honneur, ni sa fortune, ni sa vie. Qu'il persiste dans son opinion ou qu'il l'abandonne, on ne l'appellera point apostat. Ses leçons ne seront point traitées d'impiétés & de blasphêmes; comme il arrive dans les disputes de religion, où l'on croit la gloire de Dieu intéressée, où l'on tremble pour son salut à venir & pour la damnation éternelle des siens, où ces considérations sanctifient les forfaits, & résignent à tous les sacrifices.

Que faire donc? Faut-il, à l'exemple d'un peuple innocent & simple qui voyoit l'embrâsement religieux prêt à gagner sa paisible contrée, défendre de parler de Dieu, soit en bien, soit en mal? Non, certes. La loi d'un silence qu'on se feroit un crime d'observer, ne seroit que de l'huile jettée sur le feu.

Faut-il laiſſer diſputer ſans s'en mêler? Ce ſeroit le mieux ſans doute : mais ce mieux-là ne ſera point ſans inconvénient, tant que les premieres années de nos enfans ſeront confiées à des hommes qui leur feront ſucer avec le lait le poiſon du fanatiſme dont ils ſont enivrés. Et quand les peres deviendroient les ſeuls inſtituteurs religieux de leurs enfans, n'y auroit-il plus de déſordre à craindre? J'en doute. Encore une fois, que faire donc? Sans ceſſe parler de l'amour de nos ſemblables. On lit de l'isle de Ternate que les prêtres y étoient muets. Il y avoit un temple, au milieu du temple une pyramide, & ſur cette pyramide : ADORE DIEU, OBSERVE LES LOIX, AIME TON PROCHAIN. Le temple s'ouvroit un jour de la ſemaine. Les inſulaires s'y rendoient. Tous ſe proſternoient devant la pyramide ; le prêtre debout à coté, en ſilence, montroit de l'extrémité de ſa baguette l'inſcription. Les peuples ſe relevoient, ſe retiroient, & les portes du temple ſe refermoient pour huit jours. J'aſſurerois bien qu'il n'eſt mention dans les annales de cette isle, ni de disputes, ni de guerres de religion. Mais où verra-t-on jamais un ministere indifférent, un catéchisme aussi court, & un prêtre muet? Tâchons donc de nous résigner à toutes les calamités d'un ministere intolérant, d'un catéchisme compliqué, & d'un prêtre qui parle.

VII. Le fanatisme remplit de calamités la Nouvelle-Angleterre.

Ces malheurs fondirent sur les infortunés habitans de la Nouvelle-Angleterre, qui moins furieux que leurs freres, oserent dire que le magistrat n'avoit pas le droit de contrainte en matiere de religion. Ce fut un blasphême, devant des théologiens qui avoient mieux aimé quitter leur patrie que de montrer quelque déférence pour l'épiscopat. Par cette pente du cœur humain qui marche de l'indépendance à la domination, ils avoient changé de maxime en changeant de climat, & sembloient ne s'être arrogé la liberté de penser que pour l'interdire aux autres. Ce systême d'intolérance fut appuyé du glaive de la loi, qui voulut trancher sur les opinions en frappant les diffidens de peines capitales. Les hommes convaincus ou soupçonnés de tolérantisme, furent exposés à de si cruelles vexations, qu'ils se virent obligés d'abandonner leur nouvel azyle, pour en chercher un autre exposé à moins d'orages.

Cette maladie de religion étendit sa sévérité jusqu'aux objets les plus indifférens de leur nature. On en a pour garant une délibération publique, copiée sur les registres même de la colonie.

"C'est une chose universellement re-
» connue, que l'usage de porter les
» cheveux longs, à la maniere des per-
» sonnes sans mœurs & des barbares
» Indiens, n'a pu s'introduire en An-
» gleterre, qu'au mépris sacrilege de
» l'ordre exprès de Dieu, qui dit qu'il
» est honteux à un homme qui a quel-
» que soin de son ame, de porter des
» cheveux longs. Cette abomination
» excitant l'indignation de tous les
» gens pieux, nous, magistrats, zèlés
» pour la pureté de sa foi, déclarons
» expressément & authentiquement que
» nous condamnons l'impie usage de

„ laiſſer croître ſa chevelure ; uſage que
„ nous regardons comme une choſe
„ évidemment indécente & mal-hon-
„ nête, qui défigure horriblement les
„ hommes, offenſe les ames ſages &
„ modeſtes, autant qu'elle corrompt
„ les bonnes mœurs. Juſtement indi-
„ gnés contre ce ſcandaleux uſage,
„ nous prions, exhortons, invitons
„ inſtamment tous les anciens de notre
„ continent, de faire éclater leur zele
„ contre cette odieuſe coutume, de la
„ proſcrire par toutes ſortes de moyens,
„ & ſur-tout d'avoir ſoin que les mem-
„ bres de leurs égliſes n'en ſoient point
„ ſouillés ; afin que ceux qui, malgré
„ ces ſéveres défenſes & les voies de
„ correction qui ſeront pratiquées à ce
„ ſujet, ne ſe hâteront pas de s'inter-
„ dire cet uſage, aient Dieu & les hom-
„ mes en même tems contr'eux. „

Ce rigoriſme qui rend l'homme dur à lui-même, puis inſociable, d'abord victime, enſuite tyran, ſe déchaîna contre les Quakers. Ils furent empriſonnés, fouettés & bannis. La fiere ſimplicité de ces nouveaux enthouſiaſtes, qui béniſſoient le ciel & les hommes au milieu des tourmens & de l'ignominie, inſpira de la vénération pour leurs perſonnes, fit aimer leurs ſentimens & multiplia leurs proſélytes. Ce ſuccès aigrit leurs perſécuteurs, & les porta aux extrémités les plus ſanguinaires. Ils firent pendre cinq de ces malheureux, qui étoient furtivement revenus de leur exil. On eût dit que les Anglois n'étoient allés en Amérique, que pour exercer ſur leurs compatriotes toutes les cruautés que les Eſpagnols avoient exercées contre les Indiens ; ſoit que le changement de climat rendît les Européens plus féroces ; ſoit que la fureur de religion ne puiſſe trouver de terme que dans l'extinction de ſes apôtres ou de ſes martyrs. La perſécution fut enfin arrêtée par la métropole même, d'où elle avoit été portée.

Un peuple mélancolique par caractere, étoit devenu ſombre & farouche. Le ſang de ſon monarque couloit encore à ſes yeux. Les uns pleuroient en ſecret ce grand aſſaſſinat ; les autres en auroient volontiers fait un jour de fête. La nation étoit diviſée en deux partis violens. Ici, l'on préparoit la vengeance; là, on s'occupoit à la prévenir par des délations toujours ſuivies d'exils, d'empriſonnemens & de ſupplices. La méfiance ſéparoit les peres des enfans, les amis des amis. Le tyran ombrageux étoit entouré de courtiſans ombrageux qui entretenoient ſes alarmes, ſoit pour s'élever aux grandes places de l'état, ſoit pour en faire tomber leurs ennemis ou leurs rivaux. La hache étoit ſuſpendue ſur toutes les têtes. La fréquence des révoltes occaſionnoit la fréquence des exécutions; & les exécutions fréquentes de perſonnages illuſtres & de citoyens obſcurs, perpétuoient la terreur populaire. Cromwel diſparut enfin. L'enthouſiaſme, l'hypocriſie, le fanatiſme, concentrés dans ſon ſein comme dans leur foyer, les factions, les révoltes, les proſcriptions, tous ces monſtres deſcendirent avec lui dans la tombe. Un jour plus ſerein commença à luire ſur l'Angleterre. Charles II, en recouvrant l'empire, introduiſit parmi ſes ſujets l'eſprit de ſociété, le goût de la table, de la converſation, des ſpectacles, de tous les plaiſirs qu'il avoit trouvés en Europe, quand il erroit d'une cour à l'autre pour recouvrer une couronne que ſon pere avoit perdue ſur l'échafaud. Il eut pour apôtres de ſes principes une multitude de femmes galantes, de favoris débauchés, de beaux-eſprits libertins. En peu de tems il changea les mœurs générales ; & il ne falloit pas moins qu'une ſemblable révolution pour aſſurer la tranquillité de ſon adminiſtration ſur un trône enſanglanté. Ce prince étoit un de ces voluptueux délicats, que l'amour des plaiſirs ſenſuels rend quelquefois humains & ſenſibles à la pitié. Touché des ſupplices des Quakers, il en interrompit le cours en Amérique, par une ordonnance de 1661 : mais il ne put y étouffer entiérement l'eſprit perſécuteur.

La colonie avoit mis à ſa tête Henri Vane, fils de ce Vane qui s'étoit ſi fort ſignalé dans les troubles de ſa patrie. Ce jeune homme, enthouſiaſte, entêté, digne en tout de ſon pere, ne pouvant ni vivre en paix lui-même, ni y laiſſer les autres, reſſuſcita les diſputes également ridicules & ſurannées de la grace & du libre arbitre. On se passionna pour ces obscures & frivoles questions. Peut-être auroient-elles allumé une guerre civile, si des nations sauvages réunies entr'elles, tombant sur les plantations des Anglois, n'en eussent massacré un grand nombre. Graces à leurs querelles théologiques, les colons sentirent d'abord foiblement une si rude perte. Mais enfin le danger universel devint si pressant, qu'on courut aux armes. L'ennemi repoussé, la colonie rentra dans son caractere de dissension. Cet esprit de vertige éclata même en 1692, par des atrocités dont l'histoire offre peu d'exemples.

Dans une ville de la Nouvelle-Angleterre, nommée Salem, vivoient 2 filles sujettes à des convulsions, qui étoient accompagnées de symptômes extraordinaires. Leur pere, pasteur de cette église, les crut ensorcelées. Soupçonnant une servante Indienne, qui étoit chez lui, d'avoir jetté quelque sort sur sa famille, à force de mauvais traitemens, il lui fit avouer qu'elle étoit sorciere. D'autres femmes, séduites par le plaisir d'intéresser le public, crurent que les convulſions qu'elles ne devoient qu'à la nature de leur ſexe, avoient la même origine. Trois citoyens, qu'on nomme au haſard, ſont auſſi-tôt mis en priſon, accuſés de ſortilége, condamnés à être pendus, & leurs cadavres ſont abandonnés aux bêtes féroces, aux oiſeaux de proie. Peu de jours après, ſeize perſonnes ſubiſſent le même ſort, avec un juriſconſulte, qui refuſant de plaider contr'elles, eſt dès-lors convaincu d'être leur complice. Ces horribles & lugubres ſcènes, embrâſent l'imagination de la multitude. La foibleſſe de l'âge, les infirmités de la vieilleſſe, l'honneur du ſexe, la dignité des places, la fortune, la vertu, rien ne met à couvert d'un odieux ſoupçon, dans l'eſprit d'un peuple obſédé par les fantômes de la ſuperſtition. On immole des enfans de dix ans; on dépouille de jeunes filles; on cherche ſur tout leur corps, avec une impudente curioſité, des marques de ſorcellerie; on prend des taches ſcorbutiques que l'âge imprime à la peau des vieillards, pour des empreintes du pouvoir infernal. Le fanatiſme, la méchanceté, la vengeance, choisissent à leur gré leurs victimes. Au défaut de témoins, on emploie les tortures; & les bourreaux dictent eux-mêmes les aveux qu'ils veulent obtenir. Si les magistrats se refusent à continuer ces horribles exécutions, ils sont accusés des forfaits imaginaires qu'ils cessent de punir. Les ministres de la religion leur suscitent des délateurs, qui leur font payer de leur tête les remords tardifs que leur arrache l'humanité. Les spectres, les visions, la terreur & la consternation, multiplient ces prodiges de folie & d'horreurs. Les prisons se remplissent, les gibets restent toujours dressés. Tous les citoyens sont plongés dans une morne épouvante. Les plus sages s'éloignent en gémissant d'une terre maudite, ensanglantée; & ceux qui y restent, ne lui demandent qu'un tombeau. On s'attendoit à la subversion totale de cette déplorable colonie, lorsqu'au plus fort de l'orage les vagues tombent & s'appaisent. Tous les yeux s'ouvrent à la fois. L'excès du mal réveille les esprits qu'il avoit engourdis. A cette stupidité profonde, succede un remords cuiſant & douloureux. Un jeûne général, des prieres publiques, demandent pardon au ciel de l'avoir invoqué pour de tels ſacrifices, d'avoir cru le fléchir par le ſang qui l'irrite. On baigne de larmes une terre qui fut innocente & pure, avant d'être ſouillée par le culte ſacrilege & parricide des Européens.

La poſtérité ne ſaura jamais, ſans doute, quelle fut l'origine, quel fut le remede de cette épidémie. Elle avoit peut-être ſa ſource dans la mélancolie que des enthouſiaſtes perſécutés avoient apportée de leur pays, qui s'étoit nourrie avec le ſcorbut qu'ils avoient pris ſur mer, qui s'étoit fortifiée par les vapeurs & les exhalaiſons d'une terre nouvellement défrichée, par les incommodités & les peines inſéparables d'un changement de climat & de genre de vie. Cette contagion ceſſa, comme tous les maux épidémiques, par la communication même qui l'épuiſa; comme tous les maux de l'imagination, qui s'évaporent par les tranſports du délire. Le calme vint après la fievre ardente, & ce ſombre accès d'enthouſiaſme ne reprit plus aux puritains de la Nouvelle-Angleterre.

En renonçant à l'eſprit de perſécution qui a marqué de ſang toutes les ſectes, les habitans de cette colonie conſerverent encore de trop fortes teintes du fanatiſme & de la férocité, qui avoient ſignalé les triſtes jours de ſa naiſſance.

La petite-vérole, qui eſt moins ordinaire, mais plus meurtriere en Amérique qu'en Europe, cauſoit en 1721, des ravages inexprimables à Maſſachuſet. Cette calamité fait penſer à l'inoculation. Pour prouver l'efficacité de cet heureux préſervatif, un médecin habile & courageux inocule ſa femme, ſes enfans & ſes domeſtiques; il s'inocule lui-même. On l'inſulte; on le regarde comme un monſtre vomi par l'enfer; on le menace de l'aſſaſſiner. Ces fureurs n'ayant pas empêché un jeune homme très-intéreſſant de recourir à cette pratique ſalutaire, un ſcélérat ſuperſtitieux monte à ſa fenêtre durant la nuit, & jette dans la chambre une grenade remplie de matieres combuſtibles.

Les citoyens les plus raisonnables ne sont pas révoltés de tant d'atrocités ; & leur indignation se porte sur les esprits hardis qui aiment mieux recourir au savoir des hommes que de s'en rapporter aux vues de la providence. Le peuple est affermi par ces discours insensés dans la résolution de ne pas souffrir une nouveauté qui doit attirer sur l'état entier les infaillibles & terribles effets du couroux céleste. Le magistrat qui craint une sédition, ordonne aux médecins de s'assembler. Par conviction, par foiblesse ou par politique, ils déclarent l'inoculation dangereuse. Un bill la défend, & ce bill est reçu avec un applaudissement dont il n'y avoit point d'exemple.

Vous sentez vos cheveux s'agiter sur votre front. Vous frémissez d'horreur ; & vous avez oublié les obstacles que cette pratique salutaire a trouvés parmi vous ; & vous ne pensez pas que vous auriez commis les mêmes atrocités il y a deux cents ans. Avouez donc enfin les services importans que vous a rendus le progrès des lumieres. Ayez pour leurs promoteurs le respect & la reconnoiſſance que vous devez à des hommes utiles qui vous ont garantis de tant de crimes, que vous euſſiez commis par ignorance & par ſuperſtition.

Peu d'années après, s'ouvre une nouvelle ſcène encore plus atroce. Depuis long-tems on accordoit dans ces provinces une odieuſe prime à ceux des colons qui donnoient la mort à quelque Indien. Cette récompenſe fut portée en 1724 à 2250 liv. John Lovewel, encouragé par un prix ſi conſidérable, forme une compagnie d'hommes féroces comme lui pour aller à la chaſſe des ſauvages. Un jour il en découvrit dix, paiſiblement endormis autour d'un grand feu. Il les maſſacra, porta leur chevelure à Boſton, & reçut la récompenſe promiſe. Anglo-Américains, oſez à préſent adreſſer quelques reproches aux Eſpagnols ? Qu'ont ils fait, qu'auroient-ils pu faire de plus inhumain? ..... Et vous étiez des hommes ? & vous étiez des hommes civiliſés ? & vous étiez des chrétiens ? Non. Vous étiez des monſtres à exterminer; vous étiez des monſtres contre leſquels une ligue formée eût été moins criminelle que celle que Lovewel forma contre les ſauvages. Si le lecteur me demande la date de cette ſcélérateſſe, ſi elle eſt de la fondation de la colonie ou d'un tems moderne, j'eſpere qu'il me diſpenſera de lui répondre.

IX. Sévérités outrées qui ſe perpétuent dans la Nouvelle-Angleterre, après même l'extinction du fanatiſme.

Des loix trop ſéveres ſubſiſtent toujours dans ces contrées. On jugera de ce rigoriſme par le diſcours que tint, il n'y a pas long-tems devant les magiſtrats, une fille convaincue d'avoir produit, pour la cinquieme fois, un fruit illégitime.

« J'oſe eſpérer, dit-elle, que la » cour me permettra de dire un mot » en ma faveur.

» Je ſuis une fille pauvre, infortu» née, qui pouvant à peine gagner ma » ſubſiſtance, n'ai pas le moyen de » payer des avocats pour plaider ma » cauſe. Je vais donc faire parler la » raiſon. Comme elle a ſeule le droit » de dicter des loix, elle peut les exa» miner toutes. Celle qui me conduit » à votre tribunal m'a déja jugée. Je

„ ne demande pas qu'on s'en écarte
„ pour me faire grace. Mais je vous
„ prie, Meſſieurs, d'intercéder au-
„ près du gouvernement, pour qu'il
„ daigne me remettre l'amende à la-
„ quelle vous m'allez condamner.

„ C'eſt la cinquieme fois que je pa-
„ rois devant vous pour le même délit.
„ Deux fois j'ai payé de fortes amen-
„ des, & deux fois trop indigente pour
„ expier ma faute par une peine pécu-
„ niaire, j'ai ſubi un châtiment dou-
„ loureux & flétriſſant. Ces peines ſont
„ ordonnées par la loi; je le ſais. Mais
„ ſi l'on doit abroger les loix quand
„ elles ſont déraiſonnables, ſi l'on
„ doit les mitiger quand elles ſont trop
„ ſéveres, j'oſe vous dire que celle
„ qui me pourſuit eſt à la fois injuſte
„ & cruelle à mon égard. Au crime
„ près, dont ce tribunal m'accuſe, &
„ dont le ciel m'abſout, j'ai mené juſ-
„ qu'à préſent une vie irréprochable.
„ Je défie mes ennemis, ſi j'ai le mal-
„ heur d'en avoir que je n'ai pas méri-
„ tés, de me charger de la moindre in-
„ juſtice. J'examine ma conſcience &
„ ma conduite; l'une & l'autre, je le

„ dis hardiment, me paroiſſent pures
„ comme le jour qui m'éclaire: & lorſ-
„ que je cherche mon crime, je ne le
„ trouve que dans la loi.

„ C'eſt au riſque de ma vie que j'ai
„ donné le jour à cinq enfans. Je les
„ ai nourris de mon lait & de mon tra-
„ vail, ſans être à charge au public ni
„ à perſonne. Je me ſuis dévouée avec
„ tout le courage de la tendreſſe ma-
„ ternelle, aux pénibles ſoins qu'exi-
„ geoient leur foibleſſe & leur âge. Je
„ les ai formés à la vertu, qui n'eſt que
„ la raiſon. Ils aiment déja leur patrie
„ comme moi. Ils ſeront citoyens com-
„ me vous-mêmes; à moins que vous
„ ne leur ôtiez par de nouvelles amen-
„ des le fonds de leur ſubſiſtance, &
„ que vous ne les forciez à fuir une ré-
„ gion qui les repouſſa dès le berceau.

„ Eſt-ce donc un crime de féconder
„ ou de procréer, à l'exemple de la
„ terre, notre mere commune? D'aug-
„ menter le nombre des colons dans
„ un pays nouveau qui ne demande
„ que des habitans? Je n'ai débauché
„ le mari d'aucune femme; je n'ai ja-
„ mais attiré dans mes filets aucun jeu-

ne

„ né homme. Personne n'a sujet de se „ plaindre de moi; si ce n'est peut-être „ le ministre de l'évangile & le juge „ de paix, qui sont fâchés d'avoir per- „ du les honoraires de leurs fonctions, „ parce que j'ai eu des enfans sans être „ mariée devant eux. Mais, est-ce ma „ faute à moi ? J'en appelle à vous, „ Messieurs. Vous convenez que je ne „ manque point de jugement. Ne se- „ roit-ce pas une folie, une stupidité, „ si m'étant livrée aux devoirs les plus „ pénibles du mariage, je n'en avois „ pas recherché les honneurs ? J'ai „ toujours été, je suis encore disposée „ à me marier; & je me flatte que je „ serois digne d'un état si respectable, „ avec la fécondité, l'industrie, l'éco- „ nomie, & la frugalité dont la nature „ m'a douée : car elle m'avoit destinée „ à être une femme honnête & ver- „ tueuse. J'espérois le devenir, lors- „ qu'étant encore vierge, je n'écoutai „ les premiers vœux de l'amour qu'a- „ vec le serment du mariage. Mais la „ confiance indiscrete que j'eus dans la „ sincérité du premier homme que j'ai- „ mai, m'a fait perdre mon honneur,

„ en comptant ſur le ſien. J'eus un en-
„ fant de lui, puis il m'abandonna. Cet
„ homme eſt connu de vous tous : il
„ eſt devenu magiſtrat comme vous.
„ Je devois croire qu'il ſe ſeroit mon-
„ tré dans cette cour aujourd'hui,
„ pour modérer la rigueur de votre
„ ſentence. S'il eût paru, je n'aurois
„ rien dit. Mais comment pourrois-je
„ ne pas accuſer l'injuſtice de mon ſort,
„ qui veut que celui qui m'a ſéduite &
„ ruinée, après avoir été la cauſe de
„ ma perte, jouiſſe des honneurs &
„ du pouvoir, ſoit aſſis dans les tribu-
„ naux où l'on punit mon malheur par
„ les verges & par l'infamie ? Quel
„ étoit le légiſlateur barbare qui pro-
„ nonçant entre les deux ſexes, favo-
„ riſa le plus fort, & ſévit ſur le plus
„ foible, ſur ce ſexe malheureux, qui
„ pour une jouiſſance compte mille
„ dangers & mille infirmités ; ſur ce
„ ſexe à qui la nature vend, à un prix
„ capable d'épouvanter les paſſions les
„ plus effrénées, ces mêmes plaiſirs
„ qu'à vous elle vous donne ſi libérale-
„ ment ?

„ Je n'ai point craint, pour ne pas

„ trahir la nature, de m'expoſer au „ déshonneur injuſte, aux châtimens „ honteux. J'ai mieux aimé tout ſouf- „ frir que d'être parjure aux vœux de „ la propagation, que d'étouffer mes „ enfans avant de les concevoir, ou „ après les avoir conçus. Je n'ai pu, je „ l'avoue, après avoir perdu ma virgi- „ nité, garder le célibat dans une pro- „ ſtitution ſecrete & ſtérile, & je de- „ mande encore la peine qui m'attend, „ plutôt que de cacher les fruits de la „ fécondité que le ciel a donnée à „ l'homme & à la femme, comme ſa „ premiere bénédiction.

„ On dira, ſans doute, qu'indépen- „ damment des loix civiles, j'ai violé „ les préceptes de la religion : mais „ c'eſt à la religion de me punir, ſi j'ai „ péché contre elle. Eh! n'eſt-ce pas „ aſſez qu'elle m'ait exclue de la com- „ munion de mes frères, qui ſeroit une „ conſolation pour moi? J'ai, dites- „ vous, offenſé le ciel, & je dois m'at- „ tendre à des feux éternels. Si vous le „ croyez, pourquoi m'accabler de châ- „ timens en ce monde? Non, Meſ- „ ſieurs, le ciel n'eſt pas impitoyable,

„ injuſte comme vous. Si je croyois „ que ce que vous appellez un péché „ fût réellement un crime, je n'aurois „ pas l'audace ni la méchanceté de le „ commettre. Mais comment oſerois-„ je penſer que Dieu ſoit irrité de me „ voir procréer des enfans, quand il „ leur donne un corps ſain & robuſte „ qu'il ſe plaît à douer d'une ame im-„ mortelle ? Dieu juſte & bon ! Dieu „ réparateur des maux & des injuſti-„ ces ! c'eſt à toi que j'en appelle ici de „ la ſentence de mes juges. Ne me „ venge point ; ne les punis pas ; mais „ daigne les éclairer & les attendrir ! Si „ tu as donné à l'homme la femme pour „ compagne ſur cette terre hériſſée de „ ronces, qu'il n'accable pas d'oppro-„ bre un ſexe qu'il a lui-même cor-„ rompu ! qu'il ne ſeme pas la honte „ & la miſere dans le plaiſir où tu as at-„ taché la conſolation de ſes peines ! „ qu'il ne ſoit pas ingrat & dénaturé „ juſqu'au ſein du bonheur, en livrant „ aux ſupplices les victimes de ſes vo-„ luptés ! Fais qu'il reſpecte dans ſes „ deſirs la pudeur qu'il honore, ou „ qu'après l'avoir violée dans ſes plai-

„ sirs, il la plaigne du moins au lieu de
„ l'outrager : ou plutôt fais qu'il ne
„ change point en crimes des actions
„ que toi-même as permises ou com-
„ mandées, quand tu dis à sa race de
„ croître & de se multiplier ! „

Ce discours, qu'on entendroit souvent dans nos contrées & par-tout où l'on a attaché des idées morales à des actions physiques qui n'en comportent point, si les femmes y avoient l'intrépidité de Polli Baker (c'étoit le nom de l'accusée), ce discours produisit dans la Nouvelle-Angleterre une révolution étonnante dans tous les esprits. Le tribunal la dispensa de l'amende ou du châtiment; & pour comble de triomphe, un de ses juges l'épousa : tant la voix de la raison est au-dessus des prestiges d'une éloquence étudiée. Mais le préjugé public a repris son ascendant; soit que le bien politique & social fasse taire souvent le cri de la nature isolée; soit que dans un gouvernement où la religion ne porte point au célibat, le commerce illicite des deux sexes trouve moins d'excuses que dans les états où le clergé, la noblesse, le luxe, la miſere, l'exemple ſcandaleux de la cour & de l'égliſe, corrompent, ſurchargent, aviliſſent & déconſeillent le mariage.

La Nouvelle-Angleterre a du moins des reſſources contre les mauvaiſes loix, dans ſa conſtitution même, ou le peuple légiſlateur peut corriger aiſément des abus qu'il reſſent; elle en a dans ſa ſituation locale, qui laiſſe un vaſte champ ouvert à l'induſtrie, à la population.

X. Etendue, organiſation, population, cultures, pêcheries, manufactures, exportations de la Nouvelle-Angleterre.

Cette colonie, bornée au nord par le Canada, à l'oueſt par la Nouvelle-York, à l'eſt & au ſud par la Nouvelle Ecoſſe, & par l'océan, n'a pas moins de trois cents milles ſur les bords de la mer, & s'étend à plus de cinquante milles dans les terres.

Les défrichemens ne s'y font pas au haſard, comme dans les autres provinces. Dès les premiers tems, ils furent aſſujettis à des loix qui depuis ont été immuables. Un citoyen, quel qu'il ſoit, n'a pas la liberté de s'établir, même dans un terrein vague. Le gouvernement, qui a voulu que tous ſes membres fuſſent à l'abri des incurſions des ſauvages, qu'ils fuſſent à portée des ſecours d'une ſociété bien ordonnée, a réglé que des villages entiers ſeroient formés dans le même tems. Dès que ſoixante familles offrent de bâtir une égliſe, d'entretenir un paſteur, de ſolder un maître d'école, l'aſſemblée générale leur aſſigne un emplacement, & leur donne le droit d'avoir deux répréſentans dans le corps légiſlatif de la colonie. Le diſtrict qu'on leur aſſigne, eſt toujours limitrophe des terres déja défrichées, & contient le plus ordinairement, ſix mille quarrés d'Angleterre. Ce nouveau peuple choiſit une aſſiette convenable à l'habitation, dont la forme eſt généralement quarrée. Le temple eſt au milieu. Les colons partagent le terrein entre eux, & chacun enferme ſa propriété d'une haie vive. On réſerve quelque bois pour une commune. Ainſi s'agrandit continuellement la Nouvelle-Angleterre, ſans ceſſer de faire un tout bien organiſé.

Quoique placée au milieu de la zone tempérée, la colonie ne jouit pas d'un climat aussi doux que celui des provinces de l'Europe, qui sont sous les mêmes paralleles. Elle a des hivers plus longs & plus froids, des étés plus courts & plus chauds. Le ciel y est communément serein, & les pluies y sont plus abondantes que durables. L'air y est devenu plus pur, à mesure qu'on a facilité sa circulation, en abattant les bois. Personne ne se plaint plus de ces vapeurs malignes, qui dans les premiers tems emporterent quelques habitans.

Le pays est partagé en quatre provinces, qui dans l'origine, n'avoient presque rien de commun. La nécessité d'être en armes contre les sauvages, les décida à former, en 1643, une confédération, où elles prirent le nom de *Colonies unies*. En vertu de cette union, deux députés de chaque établissement devoient se trouver dans un lieu marqué, pour y décider des affaires de la Nouvelle-Angleterre, suivant les instructions de l'assemblée particuliere qu'ils représentoient. Cette association ne blessoit en rien le droit qu'avoit chacun de ses membres de se conduire en tout à sa volonté.

Leur indépendance de la métropole, n'étoit guere moins entiere. En consentant à des établissemens, on avoit réglé que leur code ne contrarieroit en rien la législation de la mere-patrie ; que le jugement de tous les grands crimes, commis sur leur territoire, lui seroit réservé ; que leur commerce viendroit tout entier aboutir à ses rades. Aucun de ces devoirs ne fut rempli. D'autres obligations moins importantes, étoient également négligées. L'esprit républicain avoit déja fait de trop grands progrès, pour qu'on se tînt lié par ces arrangemens. La soumission des colons se bornoit à reconnoître vaguement le roi d'Angleterre pour leur souverain.

Massachuset, la plus florissante des quatre provinces, se permettoit encore plus de choses que les autres, & se les permettoit plus ouvertement. Une conduite si fiere attira sur elle le ressentiment de Charles II. Ce prince annulla en 1684, la charte que son pere avoit accordée ; il établit une administration presque arbitraire, & ne craignit pas de faire lever des impôts pour son propre usage. Le despotisme ne diminua pas ſous ſon ſucceſſeur. Auſſi à la premiere nouvelle de ſa deſtitution, ſon lieutenant fut-il arrêté, mis aux fers & renvoyé en Europe.

Guillaume III, quoique très-ſatisfait de ce zele ardent, ne rétablit pas Maſſachuſet dans ſes anciennes prérogatives comme elle le deſiroit, comme elle l'avoit eſpéré peut-être. Il lui rendit à la vérité un titre, mais un titre qui n'avoit preſque rien de commun avec le premier.

Par la nouvelle charte, le gouverneur nommé par la cour devoit avoir le droit excluſif de convoquer, de proroger, de diſſoudre l'aſſemblée nationale. Seul, il pouvoit donner la ſanction aux loix portées, aux impôts décidés par le corps. La nomination de tous les emplois militaires appartenoit à ce commandant. Avec le conſeil, il avoit le choix des magiſtrats. Les deux chambres n'avoient la diſpoſition des autres places moins importantes que de ſon aveu. Le tréſor public ne s'ouvroit que par ſon ordre, appuyé du ſuffrage de ſon conſeil. Son autorité portoit encore ſur quelques points, qui gênoient beaucoup la liberté. Connecticut & Rhode-Island, qui avoient à propos conjuré l'orage par leur ſoumiſſion, reſtoient en poſſeſſion de leur contract primitif. Pour le Nouvel-Hampshire, il avoit toujours été conduit ſur des principes aſſez ſemblables à ceux qu'on adoptoit pour Maſſachuſet. Un même chef régiſſoit les quatre provinces : mais avec les maximes qui convenoient à la conſtitution de chaque colonie.

Suivant un tableau publié par le congrès général du continent de l'Amérique Angloiſe, il ſe trouve quatre cents mille habitans à Maſſachuſet ; cent quatre-vingt-douze mille à Connecticut ; cent-cinquante-mille à Hampshire, cinquante-neuf mille ſix cents ſoixante dix-huit à Rhode-Island : ce qui forme dans ce ſeul établiſſement une population de huit-cents-un mille ſix cents ſoixante-dix-huit ames.

Une ſi grande multiplication d'hommes, ſembleroit annoncer un ſol excellent. Il n'en eſt pas ainſi. A l'exception de quelques cantons du Connecticut, les autres terres étoient originairement couvertes de pins, & par conséquent stériles tout-à-fait ou très-peu fertiles. Aucun des grains d'Europe n'y prospere ; & jamais leur produit n'a pu suffire à la nourriture de ses habitans. On les a toujours vu réduits à vivre de maïs, ou à tirer d'ailleurs une portion de leur subsistance. Aussi, quoique le pays soit assez généralement propre aux fruits, aux légumes, aux troupeaux, les campagnes ne font-elles pas la partie la plus intéressante de ces contrées. C'est sur des côtes hérissées de rochers, mais favorables à la pêche, que s'est portée la population, que l'activité s'est accrue, que l'aisance est devenue commune.

L'insuffisance des récoltes dut exciter plutôt & plus vivement l'industrie dans la Nouvelle-Angleterre, que sur le reste de ce continent. On y construisit même pour les navigateurs étrangers beaucoup de navires, dont les matériaux, aujourd'hui chers & rares, furent long-tems communs & à bon marché. La facilité de se procurer du poil de castor, donna naissance à une fabrique de chapeaux fort considérable. Des toiles de lin & de chanvre ſortirent des atteliers. Avec la toiſon de ſes moutons, la colonie fabriqua des étoffes d'un tiſſu groſſier, mais ſerré.

A ces manufactures, qu'on pourroit appeller nationales, s'en joignit une autre alimentée par des matieres étrangeres. Le ſucre donne un réſidu, connu ſous le nom de ſirop ou de melaſſe. Les nouveaux Anglois l'allerent chercher aux Indes Occidentales, & le firent d'abord ſervir en nature, à divers uſages. L'idée leur vint de le diſtiller. Ils vendirent une quantité prodigieuſe de cette eau-de-vie aux ſauvages voiſins, aux pêcheurs de morue, à toutes les provinces ſeptentrionales; ils la porterent même aux côtes d'Afrique, où ils la livrerent avec un avantage marqué aux Anglois occupés de l'achat des eſclaves.

Cette branche de commerce & d'autres circonſtances, mirent les nouveaux Anglois à portée de s'approprier une partie des denrées de l'Amérique, ſoit Méridionale, ſoit Septentrionale. Les échanges de ces deux régions, ſi néceſſaires l'une à l'autre, paſſerent par leurs mains. Ils devinrent comme les courtiers, comme les Hollandois du Nouveau-Monde.

Cependant la plus grande ressource de ces provinces, ce fut toujours la pêche. Sur leurs côtes même, elle est très-considérable. Il n'y a point de riviere, de baie, de port, où l'on ne voie un nombre prodigieux de bateaux, occupés à prendre le saumon, l'esturgeon, la morue, d'autres poissons qui trouvent tous un débouché avantageux.

La pêche du maquereau, faite principalement à l'embouchure du Pentagoet, qui se perd dans la baie de Fundi ou Françoise, à l'extrémité de la colonie, occupe durant le printems & durant l'automne, quatorze ou quinze cents bateaux & deux mille cinq cents hommes.

La pêche de la morue est encore plus utile à la Nouvelle-Angleterre. De ses ports nombreux sortent tous les ans, pour différens parages plus ou moins voisins, cinq cents bâtimens de cinquante tonneaux avec 4000 hommes d'équipage. Ils pêchent au moins deux cents cinquante mille quintaux de morue.

La baleine occupe auſſi ces colonies. Avant 1663, la Nouvelle-Angleterre faiſoit cette pêche en mars, avril & mai, dans le golfe de Floride; & en juin, juillet, août, à l'eſt du grand banc de Terre-Neuve. On n'y envoyoit alors que cent vingt chaloupes de ſoixante-dix tonneaux chacune, & montées par ſeize cents hommes. En 1767, cette pêche occupa 7290 matelots. Il faut dire les raiſons d'une augmentation ſi conſidérable.

Le deſir de partager la pêche de la baleine avec les Hollandois agita longtems la Grande-Bretagne. Pour y réuſſir, on déchargea vers la fin du regne de Charles II, de tous les droits de douane, le produit que les habitans du royaume obtiendroient à cette pêche dans les mers du Nord: mais cette faveur ne s'étendit pas aux colonies, dont l'huile & les fanons de baleine devoient un droit de 56 liv. 5 ſous par tonneau à leur entrée dans la métropole; droit qui n'étoit réduit à la moitié que lorſqu'ils y étoient importés par ſes propres navires.

A cet impôt déja trop onéreux, on

en ajouta un autre en 1699, de 5 f. 7 deniers par livre pesant de fanons, qui portoit également sur l'Amérique & sur l'Europe. Cette nouvelle taxe eut des suites si funestes, qu'il fallut la supprimer en 1723 : mais elle ne fut éteinte que pour les baleines prises en Groenland, au détroit de Davis ou dans les mers voisines. La pèche du continent septentrional resta toujours asservie au droit nouveau comme au droit ancien.

Le ministere s'appercevant que l'exemption d'impôt n'étoit pas suffisante pour réveiller l'émulation Angloise eut recours aux encouragemens. On accorda en 1732 une gratification de 22 liv. 10 sols, & seize ans après une de 45 liv. pour chaque tonneau des vaisseaux employés à une pèche si intéressante. Cette générosité du gouvernement produisit une partie du bien qu'on en attendoit. Cependant loin de pouvoir entrer en concurrence, dans les marchés étrangers avec ses rivaux, la Grande-Bretagne se vit encore obligée d'acheter d'eux tous les ans, pour trois à quatre cents mille livres d'huile ou de fanons de baleine.

Tel étoit l'état des choſes, lorſque les mers Françoiſes de l'Amérique Septentrionale devinrent à la paix derniere une poſſeſſion Britannique. Auſſitôt les nouveaux Anglois y naviguerent en foule pour prendre la baleine qui y eſt très-commune. Le parlement les déchargea des tributs ſous leſquels ils avoient gémi, & leur activité redoubla encore. Elle doit ſe communiquer naturellement aux colonies voiſines. Et il eſt vraiſemblable que les Provinces-Unies perdront avec le temps cette importante branche de leur commerce.

La pêche de la baleine ſe fait dans le golfe Saint-Laurent & dans les parages qui le joignent, ſur des mers moins orageuſes, moins embarraſſées de glaces que le Groenland. Dès-lors, elle commence plutôt & finit plus tard. On y éprouve moins d'accidens fâcheux. Les navires qui y ſont employés ſont moins grands, moins chargés d'équipages. Ces raiſons doivent donner au continent Américain des avantages que l'économie Hollandoise ne parviendra jamais à balancer. Les Anglois d'Europe eux-mêmes se flattoient de partager avec leurs colons cette supériorité, parce qu'ils comptoient joindre au bénéfice de la pêche celui qu'ils devoient faire sur la vente de leurs cargaisons, ressource refusée aux navigateurs qui fréquentent le détroit de Davis ou les mers du Groenland.

Les productions vénales de la Nouvelle-Angleterre sont la morue, l'huile de poisson, la baleine, le suif, le cidre, les viandes salées, le maïs, les porcs & les bœufs, la potasse, les légumes, les mâtures pour les navires marchands, pour les vaisseaux de guerre & des bois de toutes les especes. Les Açores, Madere, les Canaries, le Portugal, l'Espagne, l'Italie, la Grande-Bretagne & principalement les Indes Occidentales ont consommé jusqu'ici ces denrées. En 1769, les exportations des quatre provinces réunies s'éleverent à 13, 844, 430 liv. 19 sous 5 den. Mais cette colonie reçut habituellement plus qu'elle ne donna, puisqu'elle dut constamment à ſa métropole vingt-quatre ou vingt cinq millions de livres.

Il part quelques bâtimens de toutes les rades extrêmement multipliées ſur ces côtes. Cependant les principales expéditions de Connecticut ſe font à New-Haven; celles de Rhode-Island, à New-Porth; celles de Hampshire, à Portſmouth; & celles de Maſſachuſet à Boſton.

Cette derniere cité, qu'on peut regarder comme la capitale de la Nouvelle-Angleterre, eſt ſituée dans une péninſule de quatre milles de long, au fond de la belle baie de Maſſachuſet, qui s'enfonce environ huit milles dans les terres. L'ouverture de cette baie eſt défendue contre l'impétuoſité des vagues, par quantité de roches qui s'élevent au-deſſus de l'eau, & par une douzaine de petites isles, la plupart habitées. Ces digues, ces remparts naturels, ne laiſſent une libre entrée qu'à trois vaiſſeaux de front. Sur ce canal unique & très-étroit fut élevée à la fin du ſiecle dernier, dans l'isle du Château, une citadelle réguliere ſous le nom de Fort-Guillaume. Elle a cent canons du plus gros calibre & très-bien disposés. A une lieue en avant, est un fanal fort élevé, dont les signaux peuvent être apperçus de la forteresse, qui les répete pour la côte, tandis que Boston a les siens, qui répandent en même-temps l'alarme dans l'intérieur des terres voisines. Hors les momens d'une brume épaisse, dont quelques vaisseaux pourroient profiter pour se glisser dans les isles, la ville a toujours cinq à six heures pour se préparer à recevoir l'ennemi, en attendant dix mille hommes de milice, qu'elle peut rassembler en vingt-quatre heures. Quand même une flotte passeroit impunément sous l'artillerie du château, elle trouveroit au nord & au sud de la place deux batteries, qui commandant toute la baie l'arrêteroient à coup sûr, & donneroient le tems à tous les bâtimens de se mettre à couvert du canon dans la riviere de Charles.

La rade de Boston est assez vaste, pour que six cents voiles y puissent mouiller sûrement & commodément. On y a construit un magnifique môle, assez avancé pour que les navires, sans le ſecours du moindre allege, déchargent dans les magaſins qu'on a bâtis au nord. A l'extrémité du môle eſt la ville, bâtie ſur un terrein inégal & en forme de croiſſant autour du port. Elle comptoit avant les troubles, trente-cinq ou quarante mille habitans de diverſes ſectes. Le logement, les meubles, les vétemens, la nourriture, la converſation, les uſages, les mœurs, tout y reſſembloit ſi fort à la vie qu'on mene à Londres, qu'il étoit difficile d'y trouver d'autre différence que celle qu'entraîne toujours l'exceſſive population des grandes capitales.

XI. Les Hollandois fondent la colonie de la Nouvelle-Belge, appellée depuis la Nouvelle-York.

La Nouvelle-Angleterre ſemblable à l'ancienne par tant de rapports, a dans ſon voiſinage la Nouvelle-York. Celle-ci reſſerrée à l'eſt par cette principale colonie, & bornée à l'oueſt par la Nouvelle-Jerſey, occupe un eſpace étroit de vingt milles ſur le bord de la mer, s'élargit inſenſiblement, & s'enfonce dans le nord, deux cents milles dans les terres.

Cette contrée fut découverte vers le

commence du dix-ſeptieme ſiecle, par Henri Hudſon, fameux navigateur Anglois, qui étoit alors au ſervice de la Hollande. Il entra dans un fleuve conſidérable auquel il donna ſon nom, en reconnut légérement les rives, & remit à la voile pour Amſterdam, d'où il étoit parti. Un ſecond voyage de l'aventurier donna de cette ſauvage région quelques notions moins ſuperficielles.

Dans le ſyſtème des Européens, accoutumés à compter pour rien les peuples du Nouveau-Monde, ce pays devoit appartenir aux Provinces-Unies. Un homme qui couroit les mers ſous leur pavillon, l'avoit découvert; il en avoit pris poſſeſſion en leur nom, & il leur cédoit tous les droits qu'il pouvoit y avoir perſonnellement. Sa qualité d'Anglois n'ôtoit rien à ces titres inconteſtables. On ne put donc qu'être étonné d'apprendre que Jacques I revendiquoit cette contrée, parce que Hudſon étoit né ſon ſujet; comme ſi la patrie n'étoit pas le pays qui fait vivre. Auſſi ce prince n'inſiſta-t-il que légérement ſur une prétention ſi peu fondée.

La république qui ne vit dans la propriété qu'on ne lui diſputoit plus, qu'un établiſſement de commerce pour le caſtor & pour d'autres pelleteries, la céda à la compagnie des Indes Occidentales. Ce corps dirigea toute ſon action vers ces ſauvages richeſſes ; & pour s'en approcher le plus qu'il étoit poſſible, fit élever ſur les bords de la riviere d'Hudſon, à cent cinquante milles de la mer, le fort d'Orange, qu'on a depuis nommé Albani. C'étoit-là qu'on apportoit à ſes agens des fourrures, & qu'ils donnoient en échange aux Iroquois des armes à feu & des munitions de guerre, pour combattre les François arrivés depuis peu dans le Canada.

Alors la Nouvelle-Belge n'étoit qu'un comptoir. La ville d'Amſterdam comprit qu'une colonie ſeroit judicieuſement placée dans cette partie du Nouveau-Monde ; & en obtint aſſez aiſément la ceſſion, en donnant ſept cents mille francs à ſes propriétaires.

Des vues plus étendues exigeoient

d'autres arrangemens. On laissa subsister le poste placé au voisinage des cinq nations : mais il parut nécessaire d'en établir un plus considérable à l'embouchure de la riviere, dans l'isle de Manahatan ; & l'on y bâtit la Nouvelle-Amsterdam. La ville, son territoire, le reste de la province, ne furent jamais troublés par les sauvages voisins, les uns trop foibles, & les autres toujours en guerre avec les François. Aussi cette possession faisoit-elle des progrès assez rapides, lorsqu'un orage inattendu vint crever sur elle.

XII. A quelle époque & comment les Anglois s'emparerent de la Nouvelle-Belge.

L'Angleterre qui n'avoit point alors avec la Hollande ces liaisons intimes, que l'ambition & les succès de Louis XIV cimenterent dans la suite entre les deux puissances, voyoit d'un œil jaloux un petit état à peine formé dans son voisinage, étendre dans tout l'univers les branches de sa prospérité. Elle frémissoit en secret de ne pouvoir atteindre à l'égalité d'une puissance, qui ne devoit pas même lui disputer la supériorité. Ces rivaux en commerce comme

comme en navigation, l'écrasoient par leur vigilance & leur économie dans les grands marchés du monde entier, & par-tout la réduisoient au rôle subalterne. Chaque effort qu'elle faisoit pour établir la concurrence, tournoit à son déshonneur ou à sa perte; & le commerce universel se concentroit visiblement dans les marais de la république. La nation s'indigna des disgraces de ses négocians, & résolut de leur assurer par la force ce qu'ils ne pouvoient obtenir de leur industrie. Charles II, malgré sa nonchalance pour les affaires, malgré son goût effréné pour les plaisirs, adopta vivement un plan qui pouvoit faire tomber dans ses mains les richesses des régions éloignées, avec l'empire maritime de l'Europe. Son frere, plus actif, plus entreprenant que lui, l'affermit dans ces dispositions; & d'un commun accord, ils firent attaquer les établissemens, les vaisseaux Hollandois, sans déclaration de guerre.

L'hostilité ainsi commise, est une lâche perfidie. C'est l'action d'une horde de sauvages & non d'un peuple civilisé, d'un assassin de nuit & non d'un prince guerrier. Celui qui aura quelque confiance dans ses forces & quelque élévation dans l'ame, ne surprendra point son adversaire endormi. S'il vous est permis d'abuser de ma sécurité, je puis aussi abuser de la vôtre. Vous me contraignez & je vous force d'être sans cesse en armes; l'état de guerre est permanent, & la paix n'est qu'un mot vuide de sens. Ou vous avez quelque juste motif de m'attaquer, ou vous n'en avez aucun. Si vous n'en avez aucun, vous étes un brigand dangereux contre lequel tous devroient se réunir, & qu'ils sont en droit d'exterminer. Si vous en avez un, notifiez-le. C'est le refus de réparer une injure ou de restituer une chose usurpée, qui vous autorisera à vous jetter sur mes possessions. Avant que d'être agresseur, convainquez-moi d'injustice. Ayez l'approbation de l'univers. Tout ce que je puis vous permettre, c'est de préparer secrétement votre vengeance, c'est de dissimuler vos projets si l'on s'en alarme, & de ne laisser aucun intervalle entre le déni de justice & l'hostilité. Si vous étes le plus foible, suppliez & souffrez.

rce qu'on eſt un uſurpateur, faut-il e vous ſoyez un traître? Mépriſez maxime commune; & ne ſuppléez, à la force qui vous manque, ni au urage qui vous compromettroit, par fourberie. Ayez ſans ceſſe préſent le gement de votre ſiecle & celui de la ſtérité.

Au mois d'août 1664, une eſcadre ngloiſe mouilla ſur les côtes de la ouvelle-Belge, dont la capitale ſe ndit à la premiere ſommation. Le ſte de la colonie ne fit pas plus de réſtance. Cette conquête fut aſſurée au inqueur, par la paix de Breda. Mais en fut dépouillé par la république en 573, quand les intrigues de la France irent brouillé ces deux puiſſances maitimes, qui pour leurs intérêts n'auient jamais dû l'être. Un ſecond aité rendit encore l'année ſuivante s Anglois maîtres d'une province, qui epuis reſta attachée à leur domination, ıais ſous la propriété du frere du roi ui lui donna ſon nom.

[X]III. La colonie eſt abandonnée au duc d'York. Principes ſur leſquels il fonde ſon adminiſtration.

La Nouvelle-York fut adminiſtrée

par les lieutenans du prince avec assez d'adresse pour écarter de leur personne l'indignation des colons. La haîne publique s'arrêtoit sur leur maître, qui avoit concentré dans ses mains tous les pouvoirs. Cet esclavage politique déplaisoit également, & aux Hollandois qui avoient préféré leurs plantations à leur patrie, & aux Anglois qui étoient venus les joindre. Accoutumés à la liberté, les peuples se montroient impatiens du joug. On paroissoit généralement disposé à un soulevement ou à une émigration. La fermentation ne s'arrêta que lorsqu'en 1683 la colonie fut invitée à choisir des représentans, pour régler dans des assemblées ce qui conviendroit à ses intérêts.

Le colonel Dongan, chargé de cet arrangement, étoit un homme d'un esprit hardi, étendu. Il ne se borna pas, comme ceux qui jusqu'alors avoient gouverné la province, à concéder des terres à quiconque se présentoit pour les défricher. Ses soins s'étendirent aux cinq nations, trop négligées par ses prédécesseurs. Les François travailloient sans relâche à diviser ces sauvages, dans l'eſpérance de les aſſervir ; & ils avoient avancé ce grand ouvrage par le moyen des néophytes que faiſoient leurs miſſionnaires. Il convenoit à l'Angleterre de traverſer ce plan: mais le duc d'York, qui avoit d'autres intérêts que ceux de ſon pays, vouloit que ſon lieutenant en favoriſât l'exécution. Dongan, quoique catholique, s'écarta conſtamment de la direction qui lui étoit tracée ; & il traverſa de toutes ſes forces un ſyſtême qui lui paroiſſoit moins religieux que politique. Il nuiſit même de toutes les manieres à la nation rivale de la ſienne, & tous les mémoires du tems atteſtent qu'il en retarda beaucoup les progrès.

La conduite de cet habile chef étoit différente dans l'intérieur de la colonie. Par goût & par ordre il favoriſa l'établiſſement des familles de ſa communion & de la communion du prince. Un ſorte de myſtere accompagnoit cette protection. Mais auſſi-tôt que Jacques II fut monté ſur le trône, le collecteur des revenus publics, les principaux officiers, un grand nombre de citoyens ſe déclarerent partiſans de Rome.

Cet état occaſionna une grande fermentation dans les eſprits. On s'alarma pour la cauſe proteſtante. Les gens ſages craignoient une ſédition. Dongan réuſſit à contenir les mécontens : mais la révolution lui fit quitter librement ſa place. En bon Anglois il ſe ſoumit au nouveau gouvernement ; & par une fierté de caractere particuliere à ſa nation, il fit paſſer au roi détrôné tout ce qu'il avoit acquis de richeſſes dans une longue & glorieuſe adminiſtration.

Cet homme ſingulier avoit à peine quitté l'Amérique, que la Nouvelle-Angleterre chaſſa ſon gouverneur Edmont Androſſ, un des inſtrumens les plus actifs des vues arbitraires du roi Jacques. Quelques milices de la Nouvelle-York, ſéduites par cet exemple, voulurent faire le même traitement à Nicholſon, paſſagérement chargé du gouvernement. Il vint à bout de former un parti en ſa faveur, & la colonie fut en proie à deux factions armées juſqu'à l'arrivée du colonel Sloughter.

XIV. Le roi Guillaume donne un gouvernement à la colonie. Evénemens postérieurs à ce nouvel ordre de choses.

Ce chef envoyé par le roi Guillaume, convoqua les membres de l'état le 9 avril 1691. Cette assemblée annulla tout ce qui avoit été statué jusqu'alors de contraire à la constitution Britannique. Elle arrêta des loix qui n'ont pas cessé de servir de règle. Depuis cette époque, le pouvoir exécutif appartint au gouverneur nommé par la couronne. Elle lui donna douze conseillers, sans le consentement desquels il ne pouvoit signer aucun acte. Trente députés choisis par les habitans représentoient les communes. Tous les pouvoirs étoient concentrés dans l'assemblée composée de ces différens membres. Au commencement sa durée fut illimitée. On la fixa depuis à trois ans. Elle s'étendit depuis à sept, comme celle du parlement d'Angleterre, dont elle suivoit les révolutions.

Il étoit tems qu'un ordre invariable s'établit dans la colonie. Elle avoit à soutenir contre les François du Canada une guerre vive & opiniâtre, que le détrônement de Jacques II avoit allumée. Ces hoſtilités, terminées à Riſwick, recommencerent pour la ſucceſſion d'Eſpagne. Les provinces voiſines de la Nouvelle-York prirent quelque part à ces diviſions: mais ce fut elle qui reçut ou porta les plus grands coups, qui ſoudoya les troupes, qui fut entraînée dans des dépenſes plus conſidérables.

Malheureuſement les contributions des citoyens ordonnées par l'aſſemblée générale, étoient verſées dans une caiſſe dont la diſpoſition abſolue appartenoit au gouverneur. Il arrivoit ſouvent que des chefs avides ou diſſipateurs détournoient pour leur uſage les fonds deſtinés au ſervice public. C'étoit une ſource perpétuelle de diſſenſion. La reine Anne régla en 1705, que la même autorité qui auroit déterminé les impoſitions en preſcriroit l'uſage, & pourroit ſe faire rendre compte de l'emploi qui en auroit été fait.

Les malverſations furent arrêtées par cet arrangement; & cependant les tributs que payoit la province ne ſuffiſoient pas aux dépenſes qu'exigeoit la continuation de la guerre. L'embarras où l'on se trouvoit fit imaginer pour la premiere fois en 1709, de créer des billets de crédit, qui furent beaucoup plus multipliés dans la suite que ne l'exigeoient les besoins, que ne le permettoient les intérêts de la colonie.

Chargé en 1720 de la conduire, Burnet, fils du fameux évêque de ce nom, qui avoit si fort contribué à placer le prince d'Orange sur le trône, Burnet ne réussit pas à faire cesser ce désordre: mais il forma un autre plan pour la prospérité de son gouvernement. Les François du Canada avoient besoin pour leurs échanges avec les sauvages, de plusieurs marchandises que leur métropole ne leur fournissoit pas. Ils les tiroient de la Nouvelle-York. L'assemblée générale de cette province proscrivit par les conseils de son chef cette communication. Mais comme ce n'étoit pas assez d'avoir mis de l'embarras dans les opérations d'un rival actif, on résolut de se mettre à sa place.

Une grande partie des fourrures qui étoient portées à Montréal passoient sur les rives occidentales du lac Ontario. Burnet obtint en 1722 des Iroquois la permission d'y bâtir le fort d'Ofwego, où ces fauvages richesses pouvoient être aisément interceptées. Dès que cet établissement fut formé, les marchands d'Albani envoyerent leurs marchandises à Chenectady, ou elles étoient embarquées sur la Mohawts, qui les conduisoit à Ofwego. La navigation de cette riviere est très-difficile; & cependant les Anglois eurent des succès qui surpasserent leurs espérances. Ces échanges devoient même augmenter, s'ils n'avoient été traversés de toutes les manieres.

Les François construisirent en 1726 à Niagara un fort où s'arrêtoient les fourrures, qui sans cet établissement, auroient été portées à Ofwego. Les marchandises Angloises qu'ils ne pouvoient plus recevoir ouvertement, leur furent livrées en fraude jusqu'à l'année 1729, époque remarquable où des intérêts particuliers firent révoquer la loi qui interdisoit ce commerce. Enfin l'Angleterre chargea les pelleteries de plus forts droits qu'elles n'en payoient en France.

Pendant que ces entraves multipliées liminuoient les liaifons qu'on avoit ef- éré d'entretenir avec les fauvages, les ultures étoient pouffées avec beaucoup le vivacité & de fuccès dans toute l'é- endue de la province. Elles avoient, l eft vrai, langui quelque tems dans es comtés où Jacques II avoit accordé les terreins immenfes à quelques hom- nes trop favorifés : mais à la fin ces omtés s'étoient peuplés comme les au- res. Malheureufement la plupart des abitans n'occupoient, comme en Ecof- è, que des terres amovibles à la volonté lu feigneur ; & plus malheureufement ncore cette dépendance donnoit aux rands propriétaires une influence dan- ereufe dans les réfolutions publiques.

Ce vice dans le gouvernement fe fit ingulièrement fentir dans les deux uerres deftructives, qu'on eut à foute- nir en 1744 & en 1756 contre les François. La colonie éprouva, durant es cruelles animofités, des maux dont lle auroit au moins évité une partie, i les efforts pour repouffer ces hom- nes entreprenans & leurs féroces alliés, euffent été concertés à tems & mieux combinés. Il falloit que le Canada devînt à la paix de 1763 une possession Britannique, pour que la Nouvelle-York se livrât sans intervalle, sans embarras & sans inquiétude, à l'extension de son commerce avec les sauvages, au défrichement de ses plantations.

XV. Sol, population, commerce de la colonie.

Cette province, dont les limites n'ont été réglées qu'apres les discussions les plus longues, les plus vives, les plus opiniâtres avec la Nouvelle-Angleterre, la Nouvelle-Jersey & la Pensylvanie ; forme aujourd'hui dix comtés. Elle n'a que peu d'étendue au bord de la mer ; mais en profondeur son territoire s'étend jusqu'au lac George ou du Saint-Sacrement, & jusqu'au lac Ontario. Des montagnes situées entre ces deux lacs, sort la riviere d'Hudson, qui ne reçoit que de foibles canots durant soixante-cinq milles ; encore cette navigation est-elle interrompue par deux cascades, qui obligent à deux portages d'environ deux cents toises chacun. Mais d'Albani à l'Océan, c'est-à-dire dans l'espace de cent cinquante milles, on voit voguer ſur ce magnifique canal, avec la marée, jour & nuit, durant toutes les ſaiſons, ſans crainte d'aucun accident, des bâtimens de quarante à cinquante tonneaux qui entretiennent une circulation continuelle & rapide dans la colonie.

La partie de ce grand établiſſement que les navigateurs trouvent d'abord, c'eſt l'isle Longue, ſéparée du continent par un canal étroit. Elle a cent vingt milles de long ſur douze de large, diviſés en trois comtés. Les ſauvages qui occupoient ce grand eſpace, s'éloignerent ou périrent ſucceſſivement. Leurs oppreſſeurs dûrent leur premiere aiſance à la pêche de la baleine & du loup-marin. A meſure que ces races qui cherchent les côtes déſertes diſparurent, on s'occupa de la multiplication des troupeaux, ſur-tout des chevaux. Quelques cultures ſe ſont depuis établies ſur ce ſol trop ſablonneux.

Le terrein eſt plus inégal dans le continent: mais il devient plus uni & plus productif à meſure qu'on approche des lacs & du Canada. Si jamais les marais qui couvrent encore cette extrémité de la colonie sont desséchés, si les rivieres qui l'arrosent sont un jour resserrées dans leur lit, cette contrée sera la plus fertile de la colonie.

Suivant les derniers calculs, la province compte deux cents cinquante mille habitans de diverses nations, de sectes diverses. Les riches pelleteries qu'ils tirent des sauvages, & celles de leurs productions qu'ils ne consomment pas, sont conduites au marché général. C'est une ville importante aujourd'hui désignée, comme la colonie entiere, sous le titre de Nouvelle-York. Elle fut autrefois bâtie par les Hollandois dans l'isle de Manahatan, longue de quatorze milles, & d'un mille dans sa plus grande largeur.

Le commerce y a rassemblé, sous un climat très-sain, dix-huit ou vingt mille habitans, dans un espace partie bas & partie élevé. Les rues sont fort irrégulieres, mais très-propres. Les maisons bâties de brique & couvertes de tuile, offrent plus de commodités que d'élégance. Les vivres sont abondans, d'excellente qualité & à bon marché. L'aisance est universelle. La derniere classe du peuple a une ressource assurée dans les huîtres, dont la pêche seule occupe deux cents bâteaux.

La ville placée à deux milles de l'embouchure de la riviere d'Hudson, n'a proprement ni port ni bassin, mais elle n'en a pas besoin. Sa rade ouverte dans toutes les saisons, accessible aux plus grands vaisseaux, à l'abri de tous les orages, doit lui suffire. De-là sortent les nombreux navires, qu'on expédie pour différens parages. Les denrées ou marchandises qui furent expédiées en 1769, monterent à 4, 352, 446 livres 17 sous 9 den. Depuis cette époque, les productions de la colonie ont augmenté sensiblement ; & elles doivent encore beaucoup croître, puisque la moitié des terres n'est pas en valeur, & que celles qu'on a défrichées ne sont pas aussi bien cultivées qu'elles le seront ; lorsque la population sera devenue plus considérable.

XVI. Mœurs anciennes & mœurs nouvelles de la Nouvelle-York.

Les Hollandois, premiers fondateurs de la colonie, y établirent cet esprit d'ordre & d'économie, qui distingue par-tout leur nation. Comme ils formèrent toujours le plus grand nombre des habitans, même après le changement de domination, l'exemple de leurs mœurs fit l'esprit général des peuples que la conquête leur associa. Les Allemands, poussés en Amérique par la persécution réligieuse qui les chassoit du Palatinat ou des autres provinces de l'empire, se trouvèrent disposés par la nature à ce ton modeste ; & les Anglois, les François, que l'habitude n'avoit pas accoutumés à tant de frugalité, se conformèrent par sagesse ou par émulation, à cette manière de vivre, moins coûteuse & plus aisée que les modes & les airs du faste. Il arriva de-là que les colons ne contractèrent pas de dettes envers la métropole, qu'ils conservèrent une liberté entière dans leurs ventes & dans leurs achats, & qu'ils donnèrent toujours à leurs affaires la direction qui leur étoit la plus avantageuse.

Tel fut jusqu'en 1763 l'état de la colonie. A cette époque, New-York devint le séjour du général, des principaux officiers & d'une partie des troupes que la Grande-Bretagne crut devoir entretenir dans l'Amérique Septentrionale, pour la contenir ou pour la défendre. Cette multitude de célibataires désœuvrés, sans cesse occupés à tromper leur oisiveté & à lutter contre l'ennui, se répandirent parmi les citoyens auxquels ils inspirèrent le goût de la table & la fureur du jeu. Assis à coté des femmes, ils les entraînèrent par leurs discours & par leurs manières dans ces frivolités, dans ces galanteries, dans ces amusemens qui ont tant d'attraits pour elles. Bientôt la vie des deux sexes fut la même. On se leva avec les mêmes projets; on se coucha sur les mêmes sottises. Ce mauvais esprit se communiqua de proche en proche. Il dure encore, à moins que les scènes terribles, qui ont depuis ensanglanté ces contrées, n'aient fait dans les mœurs une révolution heureuse.

Révolutions arrivées dans la Nouvelle-Jersey.

Au voisinage de la Nouvelle-York est la Nouvelle-Jersey, qui porta d'abord le nom de Nouvelle Suède. Elle fut ainsi désignée par des aventuriers de cette nation, qui abordèrent à ces plages sauvages vers l'an 1638. Ils y formerent trois petits établiſſemens, Chriſtiana, Elzimbourg & Gottembourg. Cette colonie n'étoit rien, lorſqu'elle fut attaquée & conquiſe, en 1655, par les Hollandois. Ceux des habitans, qui tenoient plus à leur première patrie qu'à leurs plantations, repaſſèrent en Europe. Les autres ſe ſoumirent aux loix de leur vainqueur, & leur territoire fut incorporé au ſien. Lorſque le duc d'York reçut l'inveſtiture de la province à laquelle il donna ſon nom, il en détacha ce qui y avoit été ajouté, & le partagea à deux de ſes favoris, ſous le titre de Nouvelle-Jerſey.

Carteret & Berkeley, qui poſſédoient, le premier la partie de l'eſt, & le ſecond la partie de l'oueſt, n'avoient ſollicité ce vaſte territoire que pour le vendre. Des hommes à ſpéculations leur en achetèrent à vil prix de grandes portions, dont ils ſe défirent en détail. Au milieu de toutes ces ſubdiviſions, la colonie reſta partagée en deux provinces, ſéparément gouvernées par les héritiers des premiers propriétaires. Les difficultés qu'éprouvoit leur adminiſtration, les dégoûtèrent de cette eſpèce de ſouveraineté, qui ne convient guère à des ſujets. Ils remirent, en 1702, leur charte à la couronne. Depuis cette époque, les deux provinces n'en font qu'une, qui comme la plupart des colonies Angloiſes, eſt dirigée par un gouverneur, un conſeil, & les députés des communes.

Avant la dernière révolution, on ne voyoit dans un pays ſi vaſte que ſeize mille habitans. C'étoit les deſcendans des Suédois & des Hollandois, ſes premiers cultivateurs. Quelques Quakers, quelques Anglicans, un plus grand nombre de Presbytériens Ecoſſois, s'étoient joints aux colons des deux nations. Les vices du gouvernement arrêtoient les progrès & cauſoient l'indigence de cette foible population. L'époque de la liberté ſembloit devoir être pour cette colonie l'époque de la proſpérité : mais la plupart des Européens qui cherchoient un aſyle ou la fortune dans le Nouveau-Monde, préféroient la Penſilvanie ou la Caroline, qui avoient plus de célébrité. A la fin cependant, la Nouvelle-Jerſey s'eſt peuplée. On y compte cent trente mille habitans.

Ce qu'est actuellement la Nouvelle-Jersey, & ce qu'elle peut devenir.

La colonie est couverte de troupeaux & abondante en grains. Le chanvre y a fait plus de progrès que dans aucune des contrées voisines. On y a ouvert avec succès une mine d'excellent cuivre. Ses côtes sont accessibles, & le port d'Amboi, sa capitale, est assez bon. Aucun des moyens de prospérité, propres à cette partie du globe, ne lui manque. Cependant, elle est toujours restée dans une obscurité profonde. Son nom est presque ignoré dans l'ancien monde, & n'est guère plus connu dans le nouveau. En seroit-elle plus malheureuse ? Je ne le crois pas.

Qu'on parcoure l'histoire des nations anciennes & modernes, & l'on n'en verra presque aucune, dont la splendeur ne se soit accrue aux dépens de sa félicité. Des peuples dont il ne seroit fait aucune mention dans les tristes annales du monde, n'auroient été ni agresseurs ni attaqués. Ils n'auroient pas troublé la paix des autres. Des ennemis éloignés ou voisins, n'auroient pas troublé la leur. Ils n'auroient point eu de héros qui fussent rentrés dans leur patrie chargés de dépouilles de l'ennemi. Ils n'auroient point eu d'historien qui racontât ou leurs miseres ou leurs crimes. On n'y auroit point frémi d'âge en âge, à l'aspect de ces monumens qui retracent par-tout l'effusion du sang, les fers portés au loin ou brisés chez soi. Des factions politiques ne les auroient point déchirés. Des opinions absurdes ne les auroient point enivrés. L'oppression de la tyrannie n'y auroit point fait couler des larmes, ni suscité des révoltes. On ne s'y seroit point délivré d'un despote par le poignard; on n'y eût point exterminé ses satellites : car tels sont les événemens qui de tous tems ont donné de la célébrité aux nations. Au milieu d'une longue & profonde tranquillité, on y auroit cultivé les campagnes, chanté quelques hymnes traditionels à Dieu, & répété pendant des siecles les mêmes chansons à l'amour. Pourquoi faut-il que la peinture séduisante de ce bonheur soit chimérique ? Il n'a point existé. Il existeroit, qu'au milieu de nations turbulentes & ambitieuses il seroit im-

été indifférent : mais je me suis senti remué d'un vif intérêt, en faveur de ceux que la superstition ou la tyrannie ont chassé de leur pays natal. J'ai compati à leurs peines. Lorsqu'ils se sont embarqués, j'ai élevé mes yeux vers le ciel. Ma voix s'est mêlée au bruit des vents & des flots, qui les portoient au-delà des mers ; & je me suis écrié à plusieurs reprises : qu'ils prospérent ! qu'ils prospérent ! qu'ils trouvent dans les régions désertes & sauvages qu'ils vont habiter, une félicité égale ou même supérieure à la nôtre ; & s'ils y fondent un empire, qu'ils songent à se garantir eux-mêmes & leur postérité, des fléaux dont ils ont senti les coups.

XIX. Parallele d'un bon & d'un mauvais gouvernement.

L'injustice ne fut jamais la base d'aucune société. Un peuple créé par un pacte aussi étrange, auroit été en même tems, & le plus dénaturé, & le plus malheureux des peuples. Ennemi déclaré du genre-humain, il eût été également à plaindre, & par les sentimens qu'il auroit inspirés, & par ceux qu'il auroit éprouvés. Craint & haï de tout

out ce qui l'eût environné, il n'auroit jamais cessé de haïr & de craindre. On se seroit réjoui de ses malheurs; on se seroit affligé de sa prospérité. Un jour les nations se seroient réunies pour l'exterminer : mais le tems auroit rendu cette ligue inutile. Il auroit suffi, pour l'anéantir & les venger, que chacun des membres eût conformé sa conduite aux maximes de l'état. Animés de l'esprit de leur institution, tous se seroient empressés de s'élever sur la ruine les uns des autres. Aucun moyen ne leur eût paru trop odieux. C'auroit été la race engendrée des dents du dragon, que Cadmus sema sur la terre, aussi-tôt détruite que créée.

Combien différente seroit la destinée d'un empire fondé sur la vertu! L'agriculture, les arts, les sciences & le commerce, encouragés à l'ombre de la paix, en écarteroient l'oisiveté, l'ignorance & la misère. Le chef de l'état en protégeroit les différens ordres, & en seroit adoré. Il auroit conçu qu'aucun des membres de la société ne pourroit souffrir sans quelque dommage pour le corps entier, & il s'occuperoit du bonheur de tous. L'impartiale équité présideroit à l'observation des traités qu'elle dicteroit, à la stabilité des loix qu'elle auroit simplifiées, à la répartition des impôts qu'elle auroit proportionnés aux charges publiques. Toutes les puissances voisines, intéressées à la conservation de celle-ci, au moindre péril qui la menaceroit, s'armeroient pour sa défense. Mais au défaut de secours étrangers, elle pourroit elle-même opposer à l'agresseur injuste la barriere impénétrable d'un peuple riche & nombreux, pour lequel le mot de patrie ne seroit pas un vain nom. Et voilà ce qu'on peut appeller le beau idéal en politique.

Ces deux sortes de gouvernement sont également inconnues dans les annales du monde. Elles ne nous offrent que des ébauches imparfaites, plus ou moins rapprochées de l'atroce sublimité, plus ou moins éloignées de la beauté touchante, de l'un ou de l'autre de ces grands tableaux. Les nations qui ont joué le rôle le plus éclatant sur le théâtre de l'univers, entraînées par une ambition dévorante, présenterent plus de traits de conformité avec le premier.

D'autres, plus sages dans leurs constitutions, plus simples dans leurs mœurs, plus limitées dans leurs vues, enveloppées d'un bonheur secret, s'il est permis de parler ainsi, paroissent ressembler davantage au second. Entre ces derniers, on peut compter la Pensilvanie.

XX. Principes des anabaptistes.

Le luthéranisme, qui devoit changer la face de l'Europe, ou par lui-même, ou par l'exemple qu'il donnoit, avoit occasionné dans les esprits une fermentation extraordinaire, lorsqu'on vit sortir de son sein orageux une religion nouvelle, qui paroissoit bien plus une révolte conduite par le fanatisme, qu'une secte réglée qui se gouverne par des principes. La plupart des novateurs suivent un systême lié, des dogmes établis, & ne combattent d'abord que pour les défendre, lorsque la persécution les irrite & les révolte jusqu'à leur mettre les armes à la main. Les anabaptistes, comme s'ils n'avoient cherché dans la bible qu'un cri de guerre, leverent l'étendard de la rébellion avant d'être convenus d'un corps de doctrine. Les principaux chefs de cette secte avoient bien enseigné qu'il étoit inutile & ridicule d'administrer le baptême aux enfans, ainsi qu'on le pensoit, disoient-ils, dans la primitive église: mais ils n'avoient pas encore une fois mis en pratique ce seul article de croyance, qui servoit de prétexte à leur séparation. L'esprit de sédition suspendoit chez eux les soins qu'ils devoient aux dogmes schismatiques, sur lesquels ils fondoient leur révolte. Secouer le joug tyrannique de l'église & de l'état, c'étoit leur loi, c'étoit leur foi. S'enrôler dans les armées du Seigneur, s'inscrire parmi les fideles qui devoient employer le glaive de Gédeon, c'étoit leur devise, leur but, leur point de ralliement.

Ce ne fut qu'après avoir porté le fer & le feu dans une grande partie de l'Allemagne, que les anabaptistes songerent à donner quelque fondement & quelque suite à leur créance, à marquer leur confédération par un signe visible, qui l'unît & la cimentât. Ligués d'abord par inspiration pour former un corps d'armée, ils se liguerent en 1525 pour composer un corps de religion.

Dans ce ſymbole mêlé d'intolérance & de douceur, l'égliſe anabaptiſte étant la ſeule où l'on enſeigne la pure parole de Dieu, elle ne doit & ne peut communiquer avec aucune autre égliſe.

L'eſprit du Seigneur ſoufflant où il lui plaît, le pouvoir de la prédication n'eſt pas borné à un ſeul ordre de fideles: mais il s'étend à tous, & tous peuvent prophétiſer.

Toute ſecte où l'on n'a pas gardé la communauté des biens qui faiſoit l'ame & l'union des premiers chrétiens, eſt une aſſemblée impure, une race dégénérée.

Les magiſtrats ſont inutiles dans une ſociété de véritables fideles: un chrétien n'en a pas beſoin; un chrétien ne doit pas l'être.

Il n'eſt pas permis à des chrétiens de prendre les armes pour ſe défendre; à plus forte raiſon ne peuvent-ils pas s'enrôler au haſard pour la guerre.

Ainſi que les procès, les ſermens en juſtice ſont défendus à des diſciples du Chriſt, qui leur a dicté pour toute réponſe devant les juges, OUI, OUI; NON, NON.

Le baptême des enfans est une invention du diable & des papes. La validité du baptême dépend du consentement volontaire des adultes, qui peuvent seuls le recevoir avec la connoissance de l'engagement qu'ils prennent.

Tel fut dans son origine le systême religieux des anabaptistes. Il paroît fondé sur la charité & la douceur ; il ne produisit que des brigandages & des crimes. La chimere de l'égalité est la plus dangereuse de toutes dans une société policée. Prêcher ce systême au peuple, ce n'est pas lui rappeller ses droits, c'est l'inviter au meurtre & au pillage ; c'est déchaîner des animaux domestiques, & les changer en bêtes féroces. Il faut adoucir & éclairer, ou les maîtres qui les gouvernent, ou les loix qui les conduisent : mais il n'y a dans la nature qu'une égalité de droit, & jamais une égalité de fait. Les sauvages même ne sont pas égaux, dès qu'ils sont rassemblés en hordes. Ils ne le sont que lorsqu'ils errent dans les bois ; & alors même celui qui se laisse prendre sa chasse, n'est pas l'égal de celui qui l'emporte. Voilà la premiere origine de toutes les sociétés.

Une doctrine qui avoit pour base la communauté des biens & l'égalité des conditions, ne pouvoit guère trouver de partisans que dans le peuple. Les paysans l'adopterent avec d'autant plus d'enthousiasme & de fureur, que le joug dont elle les délivroit étoit plus insupportable. Condamnés la plupart à l'esclavage, ils prirent de tous cotés les armes pour accréditer une doctrine qui de serfs les rendoit égaux aux seigneurs. La crainte de voir rompre un des premiers liens de la société, qui est l'obéissance au magistrat, réunit contre eux toutes les autres sectes, qui ne pouvoient subsister sans subordination. Ils succomberent sous tant d'ennemis, après avoir fait une résistance plus opiniâtre qu'on ne devoit l'attendre. Leur communion, quoique répandue dans tout l'empire & dans une partie du Nord, ne fut nulle part dominante, parce qu'elle avoit été par-tout combattue & dispersée. A peine étoit-elle tolérée dans les contrées où l'on permettoit la plus grande liberté de créance. Dans aucun état elle ne put former une église autorisée par la législation civile. Ce fut ce qui l'affoiblit, & de l'obſcurité, la fit tomber dans le mépris. Son unique gloire fut d'avoir contribué peut-être à la naiſſance des Quakers.

XXI. Origine & caractere des Quakers.

Cette ſecte humaine & pacifique s'éleva en Angleterre parmi les troubles de la guerre ſanglante qui traîna un roi ſur l'échafaud par la main de ſes ſujets. Elle eut pour fondateur George Fox, né dans une condition obſcure. Son caractere, qui le portoit à la contemplation religieuſe, le dégoûta d'une profeſſion méchanique, & lui fit quitter ſon attelier. Pour ſe détacher entiérement des affections de la terre, il rompit toute liaiſon avec ſa famille; & de peur de contracter de nouveaux liens, il ne voulut plus avoir de demeure fixe. Souvent il s'égaroit dans les bois, ſans autre compagnie, ſans autre amuſement que ſa bible. Avec le tems même il parvint à ſe paſſer de ce livre, quand il crut y avoir aſſez puiſé l'inſpiration des prophètes & des apôtres.

C'eſt alors qu'il chercha des proſélytes. Il ne lui fut pas difficile d'en trouver dans un tems & dans un pays où les délires de la religion enthouſiaſmoient toutes les têtes, troubloient tous les eſprits. Bientôt il ſe vit ſuivi d'une foule de diſciples, qui par la bizarrerie de leurs idées ſur des objets incompréhenſibles, ne pouvoient qu'étonner & faſciner les ames ſenſibles au merveilleux.

La ſimplicité de leur vétement fut ce qui frappa d'abord tous les yeux. Sans galons, ſans broderies, ni dentelles, ni manchettes, ils bannirent tout ce qu'ils appelloient ornement ou ſuperfluité. Point de plis dans leurs habits; pas même un bouton au chapeau, parce qu'il n'eſt pas toujours néceſſaire. Ce mépris ſingulier pour les modes les avertiſſoit d'être plus vertueux que les autres hommes, dont ils ſe diſtinguoient par des dehors modeſtes.

Toutes les déférences extérieures, que l'orgueil & la tyrannie impoſent à la foibleſſe, devinrent odieuſes aux Quakers, qui ne vouloient avoir ni maîtres ni ſerviteurs. Ils condamnoient les titres faſtueux, comme orgueil dans ceux qui les uſurpoient, comme baſſeſſe dans ceux qui les déféroient. Ils ne reconnoiſſoient nulle part, ni EXCELLENCE, ni EMINENCE; & ils avoient raiſon : mais ils ſe refuſoient aux égards réciproques, qu'on appelle politeſſe ; & ils avoient tort. Le nom d'AMI, diſoient-ils, ne devoit ſe refuſer à perſonne, entre des citoyens & des chrétiens. La révérence étoit une gêne ridicule & cérémonieuſe. Se découvrir la tête en ſaluant, c'étoit manquer à ſoi pour honorer les autres. Le magiſtrat même ne pouvoit leur arracher aucun ſigne extérieur de conſidération. Revenus à l'ancienne majeſté des langues, ils tutoyoient les hommes, même les rois ; & ils juſtifioient cette licence par l'uſage de ceux même qui s'en offenſoient, & qui tutoyoient leurs ſaints & leur Dieu.

L'auſtérité de leur morale ennobliſſoit la ſingularité de leurs manieres. Porter les armes, leur paroiſſoit un crime : ſi c'étoit pour attaquer, on péchoit contre l'humanité : ſi c'étoit pour ſe défendre, on péchoit contre le chriſtianiſme. Leur évangile étoit la paix univerſelle. Donnoit-on un ſoufflet à un Quaker, il préſentoit l'autre joue : lui demandoit-on ſon habit, il offroit de plus ſa veſte. Jamais ces hommes juſtes n'exigeoient pour leur salaire que le prix légitime dont ils ne vouloient point se relâcher. Jurer devant un tribunal, même la vérité, leur sembloit une prostitution du nom de l'être saint, pour de misérables débats entre des êtres foibles & mortels.

Le mépris qu'ils avoient pour la politesse dans la vie civile, se changeoit en aversion pour les cérémonies du culte dans le rit ecclésiastique. Les temples n'étoient à leurs yeux que des boutiques de charlatanerie; le repos du dimanche, qu'une oisiveté nuisible; la cene & le baptême, que des initiations ridicules. Aussi ne vouloient-ils point de clergé. Chaque fidele recevoit immédiatement de l'Esprit-Saint une illumination, un caractere bien supérieur au sacerdoce. Quands ils étoient réunis, le premier qui se sentoit éclairé du ciel se levoit, & révéloit ses inspirations. Les femmes même étoient souvent douées de ce don de la parole, qu'elles appelloient don de prophétie. Quelquefois plusieurs de ces frères en Dieu parloient en même tems: mais plus souvent régnoit un profond ſilence dans toute l'aſſemblée.

L'enthouſiaſme qui naiſſoit également & de ces méditations & de ces diſcours, irrita dans ces ſectaires la ſenſibilité du genre nerveux, au point de leur occaſionner des convulſions. C'eſt pour cela qu'on les appella *Quakers*, qui ſignifie en Anglois *Trembleurs*. C'étoit aſſez de ridiculiſer leur manie, pour les en guérir à la longue : mais on la rendit contagieuſe par la perſécution. Tandis que toutes les autres ſectes nouvelles étoient encouragées, on pourſuivit, on tourmenta celle-ci par des peines de toute eſpece. L'hopital des foux, la priſon, le fouet, le pilori, furent décernés à des dévots, dont le crime & la folie étoient de vouloir être raiſonnables & vertueux à l'excès. Leur magnanimité dans les ſouffrances, excita d'abord la pitié, puis l'admiration. Cromwel même, après avoir été l'un de leurs plus ardens perſécuteurs, parce qu'ils ſe gliſſoient dans les camps pour dégoûter les ſoldats d'une profeſſion ſanguinaire & deſtructive, Cromwel leur donna de marques publiques de ſon eſtime. Il eut la politique de vouloir les attirer dans ſon parti, pour lui concilier plus de reſpect & de conſidération. Mais on éluda ou l'on rejetta ſes invitations; & depuis il avoua que c'étoit l'unique religion dont il n'avoit pu rien obtenir avec des guinées.

XXII. Fondation de la Penſilvanie par Penn. Baſe de ſa législation.

De tous ceux qui donnerent de l'éclat à cette ſecte, le ſeul qui mérita d'occuper la poſtérité, fut Guillaume Penn. Il étoit fils d'un amiral de ce nom, aſſez heureux pour avoir obtenu la confiance du protecteur & des deux Stuarts qui tinrent après lui, mais d'une main moins aſſurée, les rênes du gouvernement. Ce marin, plus ſouple & plus inſinuant qu'on ne l'eſt dans ſa profeſſion, avoit fait des avances conſidérables, dans différentes expéditions dont il avoit été chargé. Le malheur des tems n'avoit guere permis qu'on le rembourſât durant ſa vie. Après ſa mort, l'état des affaires n'étant pas devenu meilleur, on fit à ſon fils la propoſition de lui donner au lieu d'argent, un territoire immenſe dans le continent de l'Amérique.

C'étoit un pays qui, quoique entouré de colonies Angloises, & même anciennement découvert, avoit toujours été négligé. La passion de l'humanité lui fit accepter avec joie cette sorte de patrimoine, qu'on lui cédoit presque en souveraineté héréditaire. Il résolut d'en faire l'asyle des malheureux, & le séjour de la vertu. Avec ce généreux dessein, il partit vers la fin de l'an 1681 pour son domaine, qui fut appellé dès-lors Pensilvanie. Tous les Quakers que le clergé perfécutoit, parce qu'ils refusoient de payer la dîme & les autres taxes imposées par l'avarice & l'imposture ecclésiastiques, demandoient à le suivre : mais par une prévoyance éclairée, il ne voulut en amener d'abord que deux mille.

Son arrivée au Nouveau-Monde fut signalée par un acte d'équité, qui fit aimer sa personne & chérir ses principes. Peu satisfait du droit que lui donnoit sur son établissement la cession du ministere Britannique, il résolut d'acheter des naturels du pays le vaste territoire qu'il se proposoit de peupler. On ne sait point le prix qu'y mirent les ſauvages : mais quoiqu'on les accuſe de ſtupidité pour avoir vendu ce qu'ils ne devoient jamais aliéner, Penn n'en eut pas moins la gloire d'avoir donné en Amérique un exemple de juſtice & de modération, que les Européens n'avoient pas même imaginé juſqu'alors. Il légitima ſa poſſeſſion autant qu'il dépendoit de ſes moyens. Enfin il ajouta par l'uſage qu'il en fit, ce qui pouvoit manquer à la ſanction du droit qu'il y acquéroit. Les Américains prirent pour ſa nouvelle colonie autant d'affection, qu'ils avoient conçu d'éloignement pour toutes celles qu'on avoit fondées à leur voiſinage, ſans conſulter leurs droits ni leur volonté. Dès-lors s'établit entre les deux peuples une confiance réciproque dont rien n'altéra jamais la douceur, dont une bonne-foi mutuelle reſſerra de plus en plus les heureux liens.

L'humanité de Penn ne pouvoit pas ſe borner aux ſauvages. Elle s'étendit ſur tous ceux qui viendroient habiter ſon empire. Comme le bonheur des hommes y devoit dépendre de la légiſlation, il fonda la ſienne ſur les deux pivots de la ſplendeur des états & de la félicité des citoyens : la propriété , la liberté. S'il étoit permis d'emprunter le langage de la fable dans un moment qui ſemble fabuleux, je dirois qu'Aſtrée remontée au ciel depuis ſi long-tems, en eſt deſcendue, & que le regne de l'innocence & de la concorde va renaître parmi les hommes. C'eſt ici que l'écrivain & ſon lecteur vont reſpirer. C'eſt ici qu'ils ſe dédommageront du dégoût, de l'horreur ou de la triſteſſe qu'inſpire l'hiſtoire moderne , & ſurtout l'hiſtoire de l'établiſſement des Européens au Nouveau-Monde. Juſqu'ici ces barbares n'ont ſu qu'y dépeupler avant que de poſſéder , qu'y ravager avant de cultiver. Il eſt tems de voir les germes de la raiſon , du bonheur & de l'humanité, ſemés dans la ruine & la dévaſtation d'un hémiſphère, où fume encore le ſang de tous ſes peuples, policés ou ſauvages.

Le vertueux légiſlateur établit la tolérance pour fondement de la ſociété. Il voulut que tout homme qui reconnoîtroit un Dieu , participât au droit de cité ; que tout homme qui l'adoreroit ſous le nom de chrétien, participât à l'autorité. Mais laiſſant à chacun la liberté d'invoquer cet Etre à ſa maniere, il n'admit point d'égliſe dominante en Penſilvanie, point de contribution forcée pour la conſtruction d'un temple, point de préſence aux exercices religieux, qui ne fût volontaire.

Penn, attaché à ſon nom, voulut que la propriété de l'établiſſement qu'il avoir formé reſtât à perpétuité à ſa famille : mais il lui ôta une influence déciſive dans les réſolutions publiques, & voulut qu'elle ne pût faire aucun acte d'autorité ſans le concours des députés du peuple. Tous les citoyens qui avoient intérêt à la loi, comme à la choſe que la loi régit, devoient être électeurs, pouvoient être élus. Pour éloigner le plus qu'il étoit poſſible toute corruption, il falloit que les repréſentans duſſent leur élévation à des ſuffrages ſecretement accordés. Il ſuffiſoit de la pluralité des voix pour faire une loi : mais il fut ſtatué que les deux tiers ſeroient néceſſaires pour établir un impôt. C'étoit dès-lors un don des citoyens, plutôt qu'une taxe du gouvernement. Pouvoit-on accorder moins de douceurs à des hommes qui venoient chercher la paix au-delà des mers ?

C'est ainsi que pensoit le vrai philosophe Penn. Il céda pour 450 liv. mille acres de terre à ceux qui pouvoient les acheter à ce prix. Tout habitant qui n'en avoit pas la faculté, obtint pour lui, pour sa femme, pour chacun de ses enfans au-dessus de seize ans, pour chacun de ses serviteurs, cinquante acres à la charge d'une rente perpétuelle, d'un sol dix deniers & demi par acre. Cinquante acres furent encore assurés à tous les citoyens, qui devenus majeurs, consentiroient à un tribut annuel de deux livres cinq sols.

Pour fixer à jamais l'état de ces propriétés, on établit des tribunaux qui gardent les loix conservatrices des biens. Mais ce n'est plus protéger les terres, que de faire acheter la justice à ceux qui les possedent : car alors on n'a que l'avantage de donner une partie de son bien pour être sûr du reste, & la justice à la longue épuise le suc de la terre qu'elle devoit conserver, ou le sang du propriétaire qu'elle devoit défendre. De peur qu'il n'y eût des gens intéressés à provoquer, à prolonger les procès, il fut sévérement défendu à tous ceux qui devoient y prêter leur ministere, d'exiger, d'accepter même aucun salaire pour leurs bons offices. De plus, chaque canton fut obligé de nommer trois arbitres ou pacificateurs, qui devoient tâcher de concilier les différends à l'amiable, avant qu'on pût les porter devant une cour de justice.

L'attention à prévenir les procès, naissoit d'un penchant à prévenir les crimes. Les loix, dans la crainte d'avoir des vices à punir, voulurent en fermer la source, l'indigence & l'oisiveté. On statua que tout enfant au-dessus de douze ans, quelle que fût sa condition, seroit obligé d'apprendre une profession. Ce réglement assuroit la subsistance au pauvre, & préparoit une ressource au riche, contre les revers de la fortune. En même tems elle mettoit entre les hommes plus d'égalité, en les rappellant à leur commune destination, qui est le travail, soit des mains ou de l'esprit.

Jamais peut-être la vertu n'avoit inſpiré de légiſlation plus propre à amener le bonheur. Les opinions, les ſentimens, les mœurs corrigerent ce qu'elle pouvoit avoir de défectueux, & ſuppléerent à ce qu'elle laiſſoit d'imparfait. Auſſi la proſpérité de la Penſilvanie fut-elle très-rapide. Cette république, ſans guerres, ſans conquêtes, ſans efforts, ſans aucune de ces révolutions qui frappent les yeux du vulgaire inquiet & paſſionné, devint un ſpectacle pour l'univers entiers. Ses voiſins, malgré leur barbarie, furent enchaînés par la douceur de ſes mœurs; & les peuples éloignés, malgré leur corruption, rendirent hommage à ſes vertus. Toutes les nations aimerent à voir réaliſer & renouveller les tems héroïques de l'antiquité, que les mœurs & les loix de l'Europe leur avoient fait prendre pour une fiction. Elles crurent enfin qu'un peuple pouvoit être heureux ſans maîtres & ſans prêtres. L'homme a beſoin de l'un & de l'autre, ſi l'on en croit l'impoſture & la flatterie, qui parlent dans les temples & dans les cours. Oui ſans doute, les méchans rois ont beſoin de dieux cruels, pour trouver dans le ciel l'exemple de la tyrannie ; ils ont besoin de prêtres, pour faire adorer des dieux tyrans. Mais l'homme juste & libre ne demande qu'un Dieu qui soit son père, des égaux qui le chérissent, & des loix qui le protegent.

XXIII. Prospérité de la Pensilvanie.

La Pensilvanie est gardée à l'Est par l'océan ; au Nord, par la Nouvelle-York & la Nouvelle-Jersey ; au Sud, par la Virginie & le Maryland, à l'Ouest, par des terres qu'occupent les sauvages ; de tous cotés, par des amis, & dans son sein, par la vertu de ses habitans. Ses côtes fort resserrées, s'élargissent insensiblement jusqu'à cent vingt milles. Sa profondeur, qui n'a d'autres limites que celles de sa population & de sa culture, embrasse déja cent quarante-cinq milles d'étendue.

La Pensilvanie propre est partagée en onze comtés, Philadelphie, Bucks, Chester, Lancastre, Yorck, Cumberland, Berks, Northampton, Bedfort, Northumberland, Westmoreland.

Dans la même contrée, les comtés de Newcastle, de Kent & de Sussex, forment un autre gouvernement, mais conduit sur les mêmes principes.

Le ciel de la colonie eſt pur & ſerein. Le climat très-ſain par lui-même, s'eſt encore amélioré par les défrichemens. Les eaux limpides & ſalubres y coulent toujours ſur un fond de roc ou de ſable. Les ſaiſons y tempérent l'année par une variété marquée. L'hiver qui commence avec le mois de janvier, n'expire qu'à la fin de mars. Rarement accompagné de brouillards & de nuages, le froid y eſt conſtamment modéré, mais quelquefois aſſez vif pour glacer en une nuit les plus grandes rivieres. Cette révolution auſſi courte que ſubite, eſt l'ouvrage du vent du nord-oueſt, qui ſouffle des montagnes & des lacs du Canada. Le printems s'annonce par de douces pluies, par une chaleur légere qui s'accroît par degrés juſqu'à la fin de juin. Les ardeurs de la canicule feroient violentes, ſans le vent du ſud-oueſt qui les rafrichit. Ce ſecours eſt aſſez conſtant.

Quoique le pays ſoit inégal, il n'eſt pas ſtérile. Le ſol eſt tantôt un ſable jaune & noir, tantôt du gravier, tantôt une cendre griſâtre ſur un fond pierreux, & quelquefois auſſi une terre graſſe, ſur-tout entre les ruiſſeaux qui la coupant dans tous les ſens, y verſent encore plus de fécondité que ne feroient des rivières navigables.

Quand les Européens abordèrent dans cette contrée, ils n'y virent d'abord que des bois de conſtruction & des mines de fer à exploiter. En abattant, en défrichant, ils couvrirent peu-à-peu les terres qu'ils avoient remuées, de nombreux troupeaux, de fruits très-variés, de plantations de lin & de chanvre, de pluſieurs ſortes de légumes, de toute eſpèce de grains, mais ſingulièrement de froment & de maïs, qu'une heureuſe expérience montra propres au climat. De tous cotés, on pouſſa les défrichemens avec une vigueur & un ſuccès qui étonnerent toutes les nations.

D'où naquit cette ſurprenante proſpérité ? de la liberté, de la tolérance, qui ont attiré dans ce pays des Suédois, des Hollandois, des François induſtrieux, & ſur-tout de laborieux Allemands. Elle eſt l'ouvrage des Quakers, des Anabaptiſtes, des Anglicans, des Méthodiſtes, des Presbytériens, des Luthériens & des Catholiques.

Entre de ſi nombreuſes ſectes, on diſtingue celle des *Dumplers*. Son fondateur ſut un Allemand, qui dégoûté du tumulte du monde, ſe retira dans une ſolitude agréable, à cinquante milles de Philadelphie, pour ſe livrer à la contemplation. La curioſité attira dans ſa retraite pluſieurs de ſes compatriotes. Le ſpectacle de ſes mœurs ſimples, pieuſes & tranquilles, les fixa près de lui. Tous enſemble, ils formèrent une peuplade qu'ils appellèrent Euphrate, par alluſion aux Hébreux, qui pſalmodioient ſur les bords de ce fleuve.

Cette petite ville formée en triangle, eſt entournée de pommiers & de mûriers, arbres utiles & agréables, plantés avec ſymmétrie. Au centre eſt un verger très-étendu. Entre ce verger & ces allées, ſont des maiſons de bois à trois étages, où chaque Dumpler iſolé peut, ſans être diſtrait, vaquer à ſes méditations. Ces contemplatifs ne ſont au plus que cinq cents. Leur territoire n'a pas plus de deux cents cinquante acres d'étendue. Une rivière, un étang, une montagne couverte d'arbres, marquent ſes limites.

Les hommes & les femmes habitent des quartiers séparés. Ils ne se voient que dans les temples ; ils ne s'assemblent ailleurs que pour les affaires publiques. Le travail, la prière & le sommeil, partagent leur vie. Deux fois le jour & deux fois la nuit, le culte religieux les tire de leurs cellules. Comme les Quakers & les Méthodistes, ils ont tous le droit de prêcher, quand ils se croient inspirés. L'humilité, la tempérance, la chasteté, les autres vertus chrétiennes, sont les sujets dont ils aiment le plus à parler dans leurs assemblées. Jamais ils ne violent le repos du sabbat, si cher à tous les hommes, oisifs ou laborieux. Ils admettent l'enfer & le paradis, mais rejettent avec raison l'éternité des peines. La doctrine du péché originel est pour eux un blasphême impie qu'ils abhorrent. Tout dogme cruel à l'homme leur paroît injurieux à la divinité. Comme ils n'attachent de mérite qu'aux œuvres volontaires, ils n'administrent jamais le baptême qu'aux adultes. Ils le croient cependant si nécessaire au salut, qu'ils s'imaginent que dans l'autre monde les ames des chrétiens ſont occupées à convertir celles des hommes qui ne ſont pas morts ſous la loi de l'évangile. Ces pieux enthouſiaſtes veulent abſoudre Dieu des cruautés & des injuſtices, dont tant d'autres dévots calomniateurs l'ont chargé.

Encore plus déſintéreſſés que les Quakers, ils ne ſe permettent jamais de procès. On peut les tromper, les dépouiller, les maltraiter, ſans craindre ni repréſailles ni plaintes de leur part: tant ils ſont par religion, ce que les ſtoïciens étoient par philoſophie, inſenſibles aux outrages.

Rien n'eſt plus ſimple que leur vétement. En hiver une longue robe blanche, où pend un capuchon pour tenir lieu de chapeau, couvre une chemiſe groſſière, de larges culottes, & des ſouliers épais. En été, c'eſt le même habillement, ſi ce n'eſt que la toile remplace la laine. A la culotte près, les femmes ſont vétues comme les hommes.

On ne ſe nourrit là que de végétaux; non que ce ſoit une loi, mais par une abſtinence plus conforme à l'eſprit du chriſtianiſme, ennemi du ſang.

Chacun s'attache gaiement au genre

d'occupation qui lui eſt aſſigné. Le produit de tous les travaux eſt mis en commun, pour ſubvenir aux beſoins de tous. Cette communauté d'induſtrie a créé, non-ſeulement une culture, des manufactures, tous les arts néceſſaires à la petite ſociété, mais encore un ſuperflu d'échanges proportionné à ſa population.

Quoique les deux ſexes vivent ſéparément à Euphrate, les Dumplers ne renoncent pas follement au mariage. Ceux que la jeuneſſe & l'amour, ſi voiſins de la dévotion, invitent à cette ſainte union des ames & des ſens, quittent la ville, & vont former un établiſſement à la campagne, aux dépens du tréſor public, qu'ils groſſiſſent de leurs travaux, tandis que leurs enfans ſont élevés dans la métropole. Sans cette liberté ſage & chrétienne, les Dumplers ne ſeroient que des moines, qui deviendroient avec le tems féroces ou libertins. La vie cénobitique n'a qu'une ſaiſon de ferveur. Avec une ame tendre, on pourroit ſouhaiter d'être dévot juſqu'à vingt ans, comme on peut deſirer d'être belle femme juſqu'à vingt-cinq:

mais après cet âge, il faut être homme.

Ce qu'il y a de plus édifiant & de plus ſingulier en même tems, dans la conduite de toutes les ſectes qui ont peuplé la Penſilvanie, c'eſt l'eſprit de concorde qui règne entre elles, malgré la différence de leurs opinions religieuſes. Quoiqu'ils ne ſoient pas membres de la même égliſe, ces ſectaires s'aiment comme des enfans d'un ſeul & même père. Ils ont vécu toujours en frères, parce qu'ils avoient la liberté de penſer en hommes. C'eſt à cette précieuſe harmonie qu'on peut ſur-tout attribuer les accroiſſemens rapides de la colonie.

Au commencement de 1774, cet établiſſement comptoit trois cents cinquante mille habitans, ſuivant le calcul du congrès général. On ne diſſimulera pas que trente mille noirs faiſoient partie de cette nombreuſe population: mais la vérité veut qu'on diſe auſſi que dans cette province l'eſclavage n'a pas été un germe de corruption, comme il l'a toujours été, comme il le ſera toujours dans des ſociétés moins bien ordonnées. Les mœurs ſont encore pures, auſtères même, en Penſilvanie. Cet avantage tient-il au climat, aux loix, à la religion, à l'émulation des ſectes, à des uſages particuliers ? On le demande aux lecteurs.

Les Penſilvains ſont en général bien faits, & leurs femmes d'une figure agréable. Plutot mères qu'en Europe, elles continuent plus long-tems d'être fécondes. L'inconſtance des ſaiſons n'affoiblit point en elles la nature, quoiqu'il n'y ait point de ciel où la température ſoit plus variable. Elle change par intervalles, juſqu'à cinq ou ſix fois dans la même journée.

Cette variation n'a pas une influence dangereuſe ſur les animaux, ni même ſur les végétaux. Rarement détruit-elle les récoltes. Auſſi l'abondance eſt-elle conſtante, l'aiſance eſt-elle univerſelle. L'économie particulière aux Penſilvains, n'empêche pas que les deux ſexes ne ſoient bien vétus. La nourriture eſt encore ſupérieure à l'habillement. Les familles les moins aiſées ont du pain, de la viande, du cidre, de la bière, de l'eau-de-vie de ſucre. Un grand nombre peut uſer habituellement des vins de France & d'Eſpagne, du punch, & même de liqueurs plus chères. L'abus de ces boiſſons eſt plus rare qu'ailleurs, mais il n'eſt pas ſans exemple.

Le délicieux ſpectacle de cette abondance, n'eſt jamais troublé par l'image affligeante de la mendicité. La Penſilvanie n'a pas un ſeul pauvre. Ceux que la naiſſance ou la fortune ont laiſſés ſans reſſource, ſont convenablement entretenus par le tréſor public. La bienfaiſance va plus loin; elle s'étend juſqu'à l'hoſpitalité la plus prévenante. Un voyageur peut s'arrêter par-tout, ſans crainte de cauſer d'autre peine que le regret de ſon départ.

La tyrannie des impôts ne vient pas flétrir, empoiſonner la félicité de la colonie. En 1766, ils ne s'élevoient pas au-deſſus de 280, 140 livres. La plupart même deſtinés à fermer les plaies de la guerre, devoient ceſſer en 1772. Si à cette époque les peuples n'ont pas reçu ce ſoulagement, c'eſt que les irruptions des ſauvages ont occaſionné des dépenſes extraordinaires. On ſeroit conſolé de ce malheur, ſi, comme la juſtice le voudroit & comme les habitans le demandoient, on eût pu réduire la famille de Penn à contribuer aux charges publiques, dans les proportions du revenu qu'elle tire de la province.

Les Penſilvains, tranquilles poſſeſſeurs, libres uſufruitiers d'une terre qui récompenſe toujours leurs travaux, ne craignent pas de reproduire leur eſpece. A peine trouveroit-on un célibataire dans la province. Le mariage en eſt plus doux & plus ſacré. Sa liberté, comme ſa ſainteté, dépend du choix des contractans : ils prennent le juge ou le prêtre, plutôt pour témoin que pour miniſtre de leur engagement. Deux amans y trouvent-ils quelque oppoſition dans leurs familles ? ils s'évadent enſemble à cheval : le garçon monte en croupe derrière ſa maîtreſſe ; & dans cette ſituation, ils vont ſe préſenter devant le magiſtrat. La fille déclare qu'elle a enlevé ſon amant, pour l'épouſer. On ne peut ni ſe refuſer à ce vœu ſi formel, ni la troubler enſuite dans la poſſeſſion de ce qu'elle aime. A d'autres égards, l'autorité paternelle eſt exceſſive. Un chef de famille, dont les affaires ſe trouvent dérangées, a le droit d'engager ſes enfans à ſes créanciers : punition bien capable, ce ſemble, d'attacher un père tendre au ſoin de ſa fortune. L'homme fait acquitte par un an de ſervice une dette de 112 liv. 10 ſols. L'enfant au-deſſous de douze ans eſt obligé de ſervir juſqu'à vingt & un ans pour la même ſomme. C'eſt une image des anciennes mœurs patriachales de l'Orient.

Quoiqu'il y ait des bourgs & même quelques villes dans la colonie, on peut dire que la plupart des habitans vivent iſolés dans leurs familles. Chaque propriétaire a ſa maiſon au centre d'une vaſte plantation, bien environnée de haies vives. Auſſi chaque paroiſſe de campagne ſe trouve-t-elle avoir douze ou quinze lieues de circonférence. A une ſi grande diſtance des égliſes, les cérémonies de religion ont peu d'influence. On ne préſente les enfans au baptême, que pluſieurs mois, & quelquefois un ou deux ans après leur naiſſance. Sans dogmatiſer, ſans diſputer ſur le culte, dans un pays où chaque ſecte a le ſien, on honore l'Etre ſuprême par des vertus, plus que par des prières. L'innocence & l'*inscience* gardent les mœurs, plus sûrement que des préceptes & des controverses.

La religion semble réserver toute sa pompe pour les derniers honneurs que l'homme reçoit sur la terre, avant d'être enfermé pour jamais dans son sein. Aussi-tôt qu'il est mort quelqu'un à la campagne, les plus proches voisins sont avertis du jour de son enterrement. Ceux-ci l'annoncent aux habitations limitrophes, & la nouvelle en est ainsi répandue au loin. Chaque famille aumoins envoie un de ses membres, pour honorer le convoi funebre. A mesure que les députés arrivent, on leur offre du punch & du gâteau. Lorsque l'assemblée est formée, on porte le cadavre dans le cimetiere de sa secte, ou si le cimetiere est trop éloigné, dans un champ de sa famille. Le cortege est composé de quatre ou cinq cents personnes à cheval, qui gardent un silence, un recueillement, conformes à l'esprit de la cérémonie qui les rassemble. Une chose qui paroîtra singuliere, c'est que les Pensilvains, ennemis du luxe pendant leur vie, oublient à la mort ce caractere de modestie. Tous veulent que les tristes restes de leur existence passagere, soient accompagnés d'une pompe proportionnée à leur état ou à leur fortune. On remarque en général que les peuples simples, vertueux, sauvages même & pauvres, sont attachés aux soins de la sépulture. C'est qu'ils regardent ces derniers honneurs comme des devoirs, & ces devoirs comme une portion du sentiment d'amour, qui lie étroitement les familles dans l'état le plus voisin de la nature. Ce n'est pas le mourant qui exige ces honneurs ; ce sont les parens, une épouse, des enfans, qui rendent ces devoirs à la cendre chérie d'un père ou d'un époux dignes d'être pleurés. Les convois funebres sont toujours plus nombreux dans les petites sociétés que dans les grandes, parce que s'il y a moins de familles, elles sont beaucoup plus étendues. Il y regne plus d'union, plus de force ; tous les moyens, tous les ressorts y sont plus actifs. C'est la raison pourquoi de petits peuples ont vaincu de grandes nations ; pourquoi les Grecs vinrent à bout des Perses ; pourquoi les

Corſes chaſſeront tôt ou tard les François de leur iſle.

Mais où la Penſilvanie puiſe-t-elle les ſources de ſa conſommation ? Comment trouve-t-elle les moyens d'y fournir ? Avec le lin & le chanvre qu'elle recueille de ſon ſol, avec les cotons qu'elle tire de l'Amérique Méridionale, elle fabrique une grande quantité de toiles communes ; avec les laines de ſes brebis, elle manufacture beaucoup de draps groſſiers. Ce que les diverſes branches de ſon induſtrie ne lui donnent pas, elle ſe le procure avec les produits de ſon territoire. Ses navigateurs portent aux iſles Angloiſes, Françoiſes, Hollandoiſes & Danoiſes, du biſcuit, des farines, du beurre, du fromage, des ſuifs, des légumes, des fruits, des viandes ſalées, du cidre, de la biere, toutes ſortes de bois de conſtruction. Ils reçoivent en échange, du coton, du ſucre, du café, de l'eau de-vie, de l'argent, qui ſont autant de matieres d'un nouveau commerce avec la métropole, d'autres colonies ou d'autres nations de l'Europe. Les Açores, Madère, les Canaries, l'Eſpagne, le Portugal, offrent un débouché avantageux aux grains & aux bois de la Pensilvanie, qu'ils achètent avec des vins & des piastres. La métropole reçoit du fer, du chanvre, des cuirs, des pelleteries, de la graine de lin, des vergues, des mâtures, & fournit du fil, des draps fins, du thé, des toiles d'Irlande ou des Indes, de la quincaillerie, d'autres objets d'agrément ou de nécessité. Jusqu'ici cependant, le résultat de tant d'opérations a été au désavantage de la province, sans qu'on puisse ni l'en blâmer, ni l'en plaindre. De quelque maniere qu'on s'y prenne, c'est une nécessité que les nouveaux états contractent des engagemens; & celui qui nous occupe doit rester endetté tout le tems que le progrès de ses défrichemens exigera des avances plus considérables que leur produit. D'autres colonies, qui jouissent de quelques branches de commerce presque exclusives, telles que le riz, le tabac, l'indigo, auroient pu acquérir assez rapidement des richesses. La Pensilvanie, qui fonde sa fortune sur la culture & sur la multiplication des troupeaux, ne doit arriver que lentement à la prospérité; mais cette prospérité aura des fondemens plus sûrs & plus durables.

Si quelque chose peut retarder les progrès de la colonie, c'est la maniere irréguliere dont s'y forment les plantations. La famille Penn, propriétaire de toutes les terres, en accorde indifféremment par-tout & autant qu'on en demande, pourvu qu'on lui paie 112 livres 10 sols par chaque centaine d'acres, & qu'on s'engage à une redevance annuelle de 22 sols 6 deniers. Il arrive delà que la province manque de cet ensemble, qui est nécessaire en toutes choses, & que ses habitans épars sont la victime du moindre ennemi, qui ne craint pas de les attaquer.

Les habitations sont défrichées de différentes manieres dans la colonie. Souvent un chasseur va se fixer au milieu ou tout auprès d'un bois. Ses plus proches voisins l'aident à couper des arbres, & à les entasser les uns sur les autres : c'est une maison. Aux environs, il cultive sans secours un jardin & un champ, suffisans pour sa subsistance & pour celle de sa famille.

Quelques années après les premiers

travaux, arrivent de la métropole des hommes plus actifs que riches. Ils dédommagent le chasseur de ses peines; ils achetent du propriétaire de la province, des terres qui n'ont pas encore été payées; ils bâtissent des demeures plus commodes, & étendent les défrichemens.

Enfin, des Allemands, que leur goût ou la persécution ont poussés dans le Nouveau-Monde, viennent mettre la derniere main à ces établissemens encore imparfaits. Les premiers & les seconds planteurs vont porter ailleurs leur industrie, avec des moyens de culture plus considérables qu'ils n'en avoient d'abord.

En 1769, les exportations de la Pensilvanie s'éleverent à 13, 164, 439 l. 5 sols 3 d.; & elles ont depuis beaucoup plus considérablement augmenté dans cette colonie que dans aucune autre.

XXIV. Etat actuel de Philadelphie.

C'est Philadelphie ou *la ville des Frères*, qui est le centre de ce grand mouvement. Cette ville célèbre est située à cent vingt milles de la mer, au confluent de la Delaware & du Schuylkill. Penn, qui la destinoit à devenir la métropole d'un grand empire, vouloit qu'elle occupât un mille de large sur deux milles de long, entre les deux rivières. Sa population n'a pu encore remplir un si grand espace. Jusqu'ici, l'on n'a bâti que sur les bords de la Delaware : mais sans renoncer aux idées du législateur, mais sans s'écarter du plan qu'il avoit tracé. Ces précautions sont sages. Philadelphie doit devenir la cité la plus considérable de l'Amérique, parce qu'il est impossible que la colonie ne fasse pas de très-grands progrès, & que ses productions ne pourront jamais gagner les mers que par le port de sa capitale.

Les rues de Philadelphie, toutes tirées au cordeau, ont depuis cinquante jusqu'à cent pieds de largeur. Des deux cotés regnent des trotoirs, défendus par des poteaux, placés de distance en distance.

Les maisons, dont chacune a son jardin & son verger, sont construites de brique, & ont communément trois étages. Plus décorées aujourd'hui qu'autrefois, elles doivent leur principal ornement à des marbres de différentes couleurs, qui se trouvent à un mille de la ville. On en fait des tables, des cheminées ou d'autres meubles, qui sont devenus l'objet d'un commerce assez considérable avec la plus grande partie de l'Amérique.

Ces précieux matériaux ne sauroient être communs dans les maisons, sans avoir été prodigués dans les temples. Chaque secte a le sien, & quelques-unes en ont plusieurs. Cependant on voit un assez grand nombre de citoyens, qui ne connoissent ni temples, ni prêtres, ni culte public, & n'en sont ni moins heureux, ni moins humains, ni moins vertueux.

Un édifice aussi respecté, quoique moins fréquenté que ceux de la religion, c'est l'hôtel-de-ville. Il est de la magnificence la plus somptueuse. C'est-là que les représentans de la colonie s'assemblent tous les ans, & plusieurs fois l'année, s'il en est besoin, pour régler ce qui peut intéresser l'ordre public. On y a placé sous les mains de ces hommes de confiance, tous les ouvrages qui pouvoient les éclairer sur le gouvernement, ſur le commerce & ſur l'administration.

A coté de l'hôtel-de-ville eſt une ſuperbe bibliotheque, formée en 1732 par les ſoins de l'illuſtre Franklin. On y trouve les meilleurs ouvrages anglois, & pluſieurs livres latins & françois. Elle n'eſt ouverte au public que le ſamedi. Ceux qui l'ont fondée, en jouiſſent librement dans tous les tems. Les autres paient le loyer des livres qu'ils y empruntent, & une amende s'ils ne les rendent pas au tems convenu. C'eſt avec ces fonds, toujours renaiſſans, que s'accroît & groſſit journellement ce précieux dépôt. Pour le rendre plus utile, on y a joint des inſtrumens de mathématique & de phyſique, avec un beau cabinet d'hiſtoire naturelle.

Non loin de ce monument, en eſt un autre du même genre. C'eſt une belle collection des claſſiques grecs & latins, avec leurs commentateurs les plus eſtimés, & les meilleures productions dont puiſſent s'honorer les langues modernes. En 1752, elle fut léguée au public par le ſavant & généreux citoyen Logan, qui avoit employé à la former une vie longue & laborieuse.

Le college, qui doit préparer l'esprit à toutes les sciences, dut, en 1749, son origine aux travaux du docteur Franklin, dont le nom se trouve toujours mêlé aux choses grandes ou utiles, opérées dans la région qui l'a vu naître. Dans les premiers tems, cette école n'initia la jeunesse qu'aux belles-lettres: mais on y a depuis enseigné la médecine, la chymie, la botanique & la physique expérimentale. Les maîtres & les connoissances s'y multiplieront, à mesure que les terres, devenues leur patrimoine, seront d'un plus grand produit. On peut prédire que la théologie sera seule à jamais exclue d'une académie consacrée à l'instruction d'un peuple qui admet tous les cultes, qui n'en reconnoît point de dominant, & qui même n'en exige aucun. Ce sera l'unique contrée de l'univers où l'on ne se battra pas pour des mots, où l'on ne se haïra point pour des objets incompréhensibles. Si le despotisme, la superstition, ou la guerre, viennent replonger l'Europe dans la barbarie dont les arts & la philoɔphie l'ont tirée, ces flambeaux de esprit humain iront éclairer le Nou-eau-Monde, & la lumiere apparoîtra 'abord à Philadelphie.

Cette ville est accessible à tous les be-ɔins de l'humanité, à toutes les res-ɔurces de l'industrie. Ses quais, dont : principal a deux cents pieds de large, ffrent une suite de magasins commo-es, & de formes ingénieusement pra-quées pour la construction. Les navi-es de cinq cents tonneaux y abordent ins difficulté, hors les tems de glace.)n y charge les marchandises qui sont rrivées par la Delaware, par le Schuyl-ill, par des chemins plus beaux que eux de la plupart des contrées de l'Eu-ope. La police a déja fait plus de pro-rès dans cette partie du Nouveau-Monde, que chez de vieux peuples de 'ancien.

On ne sauroit fixer exactement la po-ulation de Philadelphie. Les registres nortuaires n'y sont pas tenus avec at-ention, & plusieurs sectes ne font pas aptiser leurs enfans. Ce qui paroît cer-ain; c'est qu'en 1766, il s'y trouvoit vingt mille habitans. Comme l'occupation de la plupart d'entre eux eſt de vendre les productions de la province entiere, & de lui fournir ce qu'elle tire de l'étranger, il ne ſe peut pas que leur fortune ne ſoit très-conſidérable. Elle doit le devenir encore davantage, à proportion que la culture fera des progrès dans un pays dont on n'a défriché que la ſixieme partie des terres.

Philadelphie, de même que les autres villes de Penſilvanie, eſt entierement ouverte. Tout le pays eſt également ſans défenſe. C'eſt une ſuite néceſſaire des principes des Quakers. On ne ſauroit aſſez chérir ces ſectaires, pour leur modeſtie, leur probité, leur amour du travail, leur bienfaiſance. Peut-être ſeroit-on tenté d'accuſer leur légiſlation d'imprudence & de témérité.

En établiſſant cette ſûreté civile, qui garantit un citoyen d'un autre citoyen, les fondateurs de la colonie devoient, dira-t-on, établir la ſûreté politique, qui défend un état contre les entrepriſes d'un état. L'autorité, qui maintient l'ordre & la paix au-dedans, n'a rien fait, ſi elle n'a prévenu les invaſions au-dehors. Prétendre que la colonie n'auit jamais d'ennemis, c'étoit ſuppoſer e l'univers n'eſt peuplé que de Quars. C'étoit exciter le fort contre le foi-, abandonner des agneaux à la diſétion des loups, & livrer tous les ciyens à l'oppreſſion du premier tyran i voudroit les ſubjuger.

Mais, d'un autre coté, comment aſcier la ſévérité des maximes évangéques qui gouvernent les Quakers à la tre, avec cet appareil de force offenve ou déſenſive, qui met tous les peues chrétiens dans un état de guerre ntinuel ? Que feroient d'ailleurs s ennemis, s'ils entroient dans la Penvanie les armes à la main ? A moins 'ils n'égorgeaſſent dans une nuit ou ns un jour tous les habitans de cet ureux pays, ils n'étoufferoient pas le rme & la poſtérité de ces hommes ux & charitables. La violence a des rnes dans ſes excès; elle ſe conſume s'éteint, comme le feu dans la cendre ſes alimens. Mais la vertu, quand le eſt dirigée par l'enthouſiaſme de humanité, par l'eſprit de fraternité, ranime, comme l'arbre, ſous le anchant du fer. Les méchans ont beſoin de la multitude, pour exécuter leurs projets ſanguinaires. L'homme juſte, le Quaker, ne demande qu'un frère pour en recevoir de l'aſſiſtance, ou lui donner du ſecours. Allez, peuples guerriers, peuples eſclaves & tyrans, allez en Penſilvanie : vous y trouverez toutes les portes ouvertes, tous les biens à votre diſcrétion, pas un ſoldat, & beaucoup de marchands ou de laboureurs. Mais ſi vous les tourmentez, ou les vexez, ou les gênez, ils s'enfuiront, & vous laiſſeront leurs terres en friche, leurs manufactures délabrées, leurs magaſins déſerts. Ils s'en iront cultiver & peupler une nouvelle terre, ils feront le tour du monde, & mourront en chemin, plutôt que de vous égorger ou de vous obéir. Qu'aurez-vous gagné, que la haine du genre-humain & l'exécration des ſiècles à venir ?

Puiſſé-je ne m'être pas trompé dans tout ce que je viens de dire, & n'avoir pas pris le ſouhait de mon cœur pour un décret de la vérité ! Le ſeul ſoupçon que j'en ai dans ce moment m'afflige. Heureuſe & ſage contrée, ſubirois-tu donc un jour la funeſte deſtinée des autres, & ferois-tu ravagée, fubjuguée comme elles? Loin de moi un preffentiment capable d'ébranler dans mon efprit la plus confolante des vérités ou des illufions : c'eft qu'il exifte une providence qui veille à la confervation des bons! Loin de ma mémoire la multitude innombrable des événemens qui femblent dépofer contre elle!

C'eft fur cette perfpective, que les Penfilvains ont fondé leur fécurité future. Du refte, comme ils ne voient pas que les états les plus belliqueux durent le plus long-tems, ni que la méfiance, qui eft en fentinelle, en dorme plus tranquille, ni qu'on jouiffe avec un grand plaifir de ce qu'on poffède avec tant de crainte, ils vivent le jour préfent, fans fonger au lendemain. On penfe d'une autre manière dans le Maryland.

XXV. Origine du Maryland. Nature de fon gouvernement.

Loin d'avoir de l'éloignement pour les catholiques, comme fes prédéceffeurs, Charles I avoit trouvé des motifs de les chérir dans le zèle que l'efpérance d'être tolérés par ce prince, leur avoit inſpiré pour ſes intérêts. Mais quand l'accuſation de favoriſer le papiſme eut aliéné les eſprits contre ce roi foible, qui ne viſoit guère qu'au deſpotiſme, il fut obligé d'abandonner cette communion à toute la ſévérité des loix, où le ſchiſme de Henri VIII l'avoit condamnée. Ces rigueurs déterminèrent le lord Baltimore à chercher dans la Virginie un aſyle à la liberté de conſcience. Comme il n'y trouvoit pas de tolérance pour une religion excluſive elle-même, il forma le projet de s'établir dans la partie inhabitée de cette région qui eſt ſituée entre la rivière de Potowmak & la Penſilvanie. Il ſe diſpoſoit à peupler cette terre en vertu des pouvoirs qu'il avoit obtenus, lorſque la mort termina ſes jours.

Un fils digne de lui pourſuivit une entrepriſe ſi conſolante pour la religion de ſa famille. Il partit en 1633 d'Angleterre avec deux cents catholiques, tous d'une naiſſance honnête. L'éducation qu'ils avoient reçue, le culte pour lequel ils s'expatrioient, la fortune que leur promettoit leur guide, tous ces motifs prévinrent les déſordres qui ne ſont

que

ue trop ordinaires dans les états naiſ-
ans. La nouvelle colonie vit les ſauva-
es gagnés par la douceur & par des
ienfaits, s'empreſſer de concourir à ſa
ormation. Avec ce ſecours ineſpéré,
es heureux membres, unis par les mê-
nes principes, & dirigés par les conſeils
'un chef vigilant, ſe livrèrent de con-
ert à des travaux utiles. Le ſpectacle
e la paix & du bonheur dont ils jouiſ-
oient, attira chez eux une foule d'hom-
nes qu'on perſécutoit ou pour la même
royance, ou pour d'autres opinions.
.es catholiques du Maryland, déſabu-
és enfin d'une intolérance dont ils
voient été la victime, après en avoir
onné l'exemple, ouvrirent un aſyle à
outes les ſectes indiſtinctement. Tou-
es jouirent avec la même étendue des
roits de cité. Le gouvernement fut
nodelé ſur celui de la métropole.

Un eſprit ſi conforme aux vues de la
ociété, n'empêcha pas qu'après le ren-
erſement de la monarchie, on ne dé-
ouillât Baltimore de conceſſions dont
l avoit fait le meilleur uſage. Deſtitué
par Cromwel, il fut rétabli dans ſes
droits par Charles II, mais pour ſe les

voir contester encore. Quoiqu'au dessus de tout reproche de malversation, quoiqu'extrêmement zélé pour les dogmes ultramontains, quoique fort attaché aux intérêts des Stuarts, il eut le chagrin de voir attaquer sa charte sous le règne arbitraire de Jacques, & d'avoir un procès en règle pour la jurisdiction d'une province que la couronne lui avoit cédée, & qu'il avoit établie à ses dépens. Ce prince qui eut toujours le malheur de ne connoître ni ses amis ni ses ennemis, & le sot orgueil de croire que l'autorité royale suffisoit pour justifier tous les actes de violence, alloit ôter une seconde fois à Baltimore ce que les rois son père & son frère lui avoient donné, lorsqu'il fut précipité lui-même d'un trône qu'il remplissoit si mal. Le successeur de ce lâche despote termina d'une manière digne de son caractère politique, une contestation excitée avant son élévation. Il voulut que les Baltimore fussent privés de leur autorité, mais qu'ils continuassent à jouir de leurs revenus. Lorsque cette famille, plus indifférente sur les préjugés de religion, rentra dans le sein de l'église

glicane, elle fut réintégrée dans le
ıvernement héréditaire du Mary-
d ; elle recommença à conduire la
onie avec un conseil & deux dépu-
élus par chaque district.

XVI. Evénemens arrivés dans le Maryland.

De tous les établissemens formés
ıs le continent septentrional, le Ma-
and fut, heureusement pour lui, une
colonies les moins fécondes en évé-
nens. Son histoire se réduit à deux
s dignes d'être remarqués.

Berkley, follement zélé pour l'église
glicane, expulse de la Virginie ceux
habitans qui ne professent pas son
te. Les dissidens cherchent un asyle
ıs la province qui nous occupe. L'ac-
il qu'ils y reçoivent offense vivement
Virginiens. Dans le premier accès
n ressentiment injuste, ils persua-
ıt aux sauvages que leurs nouveaux
sins sont Espagnols. Ce nom odieux
ınge toutes les idées des Indiens. Ils
agent sans délibérer des champs qu'ils
t aidé à défricher ; ils massacrent
ıs miséricorde des hommes qu'ils
ennent de recevoir fraternellement.
ombien il fallut de tems, de patience,

de facrifices, pour détromper ces efprits prévenus, pour ramener ces cœurs égarés !

Baltimore écoutant plutôt fa raifon que les inftructions de fon enfance, avoit voulu que toutes les communions chrétiennes euffent une égale part au gouvernement. Les catholiques en furent exclus à l'époque mémorable où ce lord fut dépouillé de fon autorité. Ou le miniftère Britannique ne voulut pas, ou il ne put pas arrêter cet acte de fanatifme. Son influence fe réduifit à empêcher que les fondateurs de la colonie n'en fuffent chaffés, & qu'on ne mît en vigueur contre eux des loix pénales qui étoient fans force en Angleterre.

XXVII. Etat actuel du Maryland. Ses cultures.

La province eft très-arrofée. On y voit couler de nombreufes fources, & cinq rivières navigables la traverfent. L'air qui eft beaucoup trop humide fur les côtes, devient pur, léger & fubtil à mefure que le terrein s'élève. Le printems & l'automne font de la plus heureufe température : mais l'hiver a des jours d'un froid très-vif, & l'été des jours d'une chaleur accablante. Ce que pays a cependant de moins ſupportae, c'eſt une grande quantité d'inſecs dégoûtans.

C'eſt une des plus petites provinces l'Amérique Septentrionale. Auſſi us ou preſque tous les terreins y ont été concédés, & dans la plaine, & milieu des montagnes. Ils furent ng-tems en friche ou mal exploités : ais les travaux ſe ſont fort accrus deais que, ſelon le dénombrement du ongrès, la population s'eſt élevée à ois cents vingt mille habitans.

Beaucoup ſont catholiques, & beauoup davantage ſont Allemands. Leurs œurs ont plus de douceur que d'énere : ce qui pourroit venir de ce que les mmes ne ſont pas exclues de la ſociété, omme dans la plupart des autres parcs du continent. Les hommes libres & eu riches, fixés dans les lieux élevés, ui originairement ne coupoient de ois, n'élevoient de troupeaux, ne ıltivoient de grains que pour les beins de la colonie, ont graduellement ourni une grande quantité de ces obts aux Indes Occidentales. Cependant prosſpérité de l'établiſſement a été d'une manière plus ſpéciale l'ouvrage des eſclaves, occupés à plus ou moins de diſtance de la mer, dans des plantations de tabac.

C'eſt une plante âcre, cauſtique, que la médecine a beaucoup employée, qu'elle employe quelquefois encore, & qui priſe intérieurement en ſubſtance, eſt un véritable poiſon plus ou moins actif, ſelon la doſe. On la mâche ou on la fume en feuilles; & ſur-tout on la prend en poudre par les narines.

Elle fut trouvée en 1520 près de Tabaſco, dans le golfe du Mexique. Tranſportée dans les iſles voiſines, elle parvint bientôt dans nos climats, où ſon uſage devint un objet de diſpute entre les ſavans. Les ignorans même prirent part dans cette querelle, & le tabac acquit de la célébrité. La mode & l'habitude en ont, avec le tems, prodigieuſement étendu la conſommation dans toutes les parties du monde connu.

Sa tige eſt droite, velue, gluante, haute de trois ou quatre pieds. Ses feuilles également velues & diſpoſées alternativement ſur la tige, ſont épaiſſes, mollaſſes, d'un verd pâle, larges, ovales, terminées en pointe, beaucoup plus grandes au pied qu'à la cime de la plante. Cette cime ramifie sa couronne de bouquets de fleurs légérement purpurines. Leur calice tubulé à cinq dents renferme une corolle alongée en entonnoir, évasée par le haut, découpée en cinq parties, & chargée d'autant d'étamines. Le pistil caché au fond de la fleur, & terminé par un seul style, devient en mûrissant une capsule à deux loges, remplie de menues semences.

Le tabac demande une terre médiocrement forte, mais grasse, unie, profonde, & qui ne soit pas trop exposée aux inondations. Un sol vierge convient à ce végétal avide de suc.

On seme les graines de tabac sur des couches. Lorsque les plantes ont deux pouces d'élévation & au moins six feuilles, on les arrache doucement, dans un tems humide, & on les porte, avec précaution, sur un sol bien préparé, où elles sont placées à trois pieds de distance les unes des autres. Mises en terre, avec ce ménagement, leurs feuilles ne souffrent pas la moindre altération,

& elles reprennent toute leur vigueur en vingt-quatre heures.

Cette plante exige des travaux continuels. Il faut arracher les mauvaises herbes qui croissent autour d'elle, l'étêter à deux pieds & demi pour l'empêcher de s'élever trop haut, la débarrasser des rejettons parasites, lui ôter les feuilles les plus basses, celles qui ont quelque disposition à la pourriture, celles que les insectes ont attaquées, & réduire leur nombre à huit ou dix au plus. Deux mille cinq cents tiges peuvent recevoir tant de soins d'un seul homme bien laborieux, & elles doivent rendre mille liv. pesant de tabac.

On le laisse environ quatre mois en terre. A mesure qu'il approche de sa maturité, le verd riant & vif de ses feuilles prend une teinte obscure. Elles courbent la tête : mais l'odeur qu'elles exhaloient augmente & s'étend au loin. C'est alors que la plante est mûre & qu'il faut la couper.

Les pieds cueillis sont mis en tas sur la même terre qui les a produits. On les y laisse suer une nuit seulement. Le lendemain, ils sont déposés dans des maςaſins conſtruits de telle manière que 'air puiſſe y entrer librement de tous es cotés. Ils y reſtent ſéparément ſuſ- endus tout le tems néceſſaire pour les ien ſécher. Etendus enſuite ſur des laies & bien couverts, ils fermentent ıne ou deux ſemaines. On les dépouille nfin de leurs feuilles, qui ſont miſes lans des barils ou réduites en carrottes. es autres façons qu'on donne à cette roduction & qui changent avec le goût les nations, ſont étrangères à ſa cul- ure.

Les Indes Orientales & l'Afrique cul- ivent du tabac pour leur uſage. Elles 'en vendent ni n'en achètent.

Dans le levant, Salonique eſt le grand marché du tabac. La Syrie, la Morée ou le Péloponnèſe, l'Egypte, y verſent tout leur ſuperflu. De ce port, il eſt envoyé en Italie où on le fume, après que la cauſticité qui lui eſt natu- relle a été adoucie par le mélange de ceux de Dalmatie & de Croatie.

Les tabacs de ces deux provinces ſont de très-bonne qualité : mais ſi forts qu'on ne peut les prendre ſans les tem- pérer par des tabacs plus doux.

Les tabacs de Hongrie feroient affez bons, s'ils n'avoient généralement une odeur de fumée qui en dégoûte.

L'Ukraine, la Livonie, la Pruffe, la Poméranie, récoltent une affez grande quantité de cette production. Sa feuille, plus large que longue, eft mince & n'a ni faveur ni confiftance. Dans la vue de l'améliorer, la cour de Ruffie a fait femer dans fes colonies de Sarratow, fur le Volga, des graines apportées de Virginie & d'Hamesfort. L'expérience n'a eu aucun fuccès, ou n'en a eu que peu.

Le tabac du Palatinat eft très-médiocre en lui-même : mais il a la faculté de pouvoir s'amalgamer avec de meilleurs & d'en prendre le goût.

La Hollande fournit auffi des tabacs. Celui que, dans la province d'Utrecht, produifent Hamesfort & quatre ou cinq diftricts voifins, eft d'une qualité fupérieure. Sa feuille eft grande, fouple, onctueufe, & d'une bonne couleur. Il a le rare avantage de communiquer fon délicieux parfum aux tabacs inférieurs. On en voit beaucoup de ces dernières claffes fur le territoire de la république.

Cependant l'espèce qui croît en Gueldre est la plus mauvaise de toutes.

La culture du tabac étoit autrefois établie en France, & avec plus de succès qu'ailleurs, près du Pont-de-l'Arche en Normandie, à Verton en Picardie, & à Montauban, à Tonneins, à Clérac, dans la Guienne. On l'y défendit en 1721, excepté sur quelques frontieres, dont on respecta les capitulations. Le Hainault, l'Artois, la Franche-Comté, profitèrent peu d'une liberté que la nature de leur sol repoussa opiniâtrement. Elle a été plus utile à la Flandre & à l'Alsace, dont les tabacs, quoique très-foibles, peuvent être mêlés sans inconvénient avec des tabacs supérieurs.

Dans l'origine, les isles du Nouveau-Monde s'occupèrent du tabac. Des productions plus riches le remplacèrent successivement dans toutes, excepté à Cuba qui est restée en possession de fournir tout le tabac en poudre que consomment les Espagnols des deux hémisphères. Son parfum est exquis, mais trop fort. La même couronne tire de Caraque le tabac que ses sujets fument en

Europe. On l'emploie aussi dans le Nord & en Hollande, parce qu'il n'en existe nulle part qui lui soit comparable pour cet usage.

Le Brésil adopta de bonne-heure cette production, & ne l'a pas depuis dédaignée. Il a été encouragé par la faveur constante dont son tabac a joui sur les côtes occidentales de l'Afrique. Dans nos climats même, il est assez recherché par les gens qui fument. A raison de son âcreté, il seroit imprenable en poudre sans les préparations qu'on lui donne. Elles se réduisent à tremper chaque feuille dans une décoction de tabac & de gomme de topal. Ces feuilles ainsi humectées, sont formées en rouleaux & enveloppées d'une peau de bœuf qui les maintient dans une fraicheur nécessaire.

Mais les meilleurs tabacs du globe croissent dans le nord de l'Amérique; & dans cette partie du Nouveau-Monde, il faut mettre au second rang ceux qu'on récolte dans le Maryland. Cependant ils n'ont pas le même degré de perfection dans toute l'étendue de la province. Les crus de Chester & de Chouptan approchent pour la qualité des tabacs de la Virginie, & ſont conſommés en France. Les crus de Patapſico & de Potuxant, très-propres à être fumés, trouvent leur débouché dans le Nord & dans la Hollande. Sur les rives ſeptentrionales du Potowmak, les tabacs ſont excellens dans la partie haute, & médiocres dans la partie baſſe.

Sainte-Marie, autrefois la capitale de l'état, n'eſt rien ; & Annapolis, qui jouit maintenant de cette prérogative, n'eſt guere plus conſidérable. C'eſt à Baltimore, dont le port peut recevoir des navires tirant dix-ſept pieds d'eau, que ſe traitent preſque toutes les affaires. Ces trois villes, les ſeules qui ſoient dans la colonie, ſont ſituées ſur la baie de Chéſapeak, qui s'enfonce deux cents cinquante milles dans les terres, & dont la largeur commune eſt de douze milles. Deux caps forment ſon entrée. Au milieu eſt un banc de ſable. Le canal voiſin du cap Charles n'ouvre un paſſage qu'à de très-légers bâtimens : mais celui qui longe le cap Henri admet dans tous les tems les plus grands vaiſſeaux.

XXVIII. Ce que le Maryland peut devenir.

Entre les Apalaches & la mer, peu de

terres ſont auſſi bonnes que celles du Maryland. Cependant elles ſont trop généralement légères, ſablonneuſes & peu profondes, pour récompenſer les travaux & les avances du cultivateur, le même eſpace de tems que dans nos climats. La fécondité, par-tout inſéparable des défrichemens, eſt rapidement ſuivie d'une diminution extraordinaire dans la quantité, dans la qualité du bled. Le ſol eſt encore plutôt uſé par le tabac. Lorſqu'on en a demandé ſans interruption à un même lieu quelques récoltes, cette feuille perd beaucoup de ſa force. Pour cette raiſon, on créa, en 1733, des inſpecteurs autoriſés à faire brûler tout ce qui n'auroit pas le parfum convenable. Cette inſtitution fut ſage : mais elle ſemble annoncer qu'il faudra renoncer un jour à la plus importante production de la province, ou qu'inſenſiblement elle ſe réduira à peu de choſe.

Alors ou plutôt, on exploitera les mines de fer qui ſont très-abondantes dans la colonie. C'eſt un moyen de proſpérité que juſqu'ici on n'a pas pouſſé au-delà de dix-ſept ou dix-huit fourneaux. Une liberté nouvelle, de nouveaux besoins communiqueront plus de force aux bras, aux esprits plus de mouvement.

D'autres manufactures s'éleveront aussi, sans doute. Le Maryland n'en eut jamais d'aucune espece. Il tiroit de la Grande-Bretagne ce qui servoit aux usages les plus ordinaires de la vie. C'étoit une des raisons qui le faisoit gémir sous le poids accablant des dettes. M. Stirenwith a pris enfin le parti de faire fabriquer des bas, des étoffes de soie & de laine, des toiles de coton, toutes les especes de quincailleries, jusqu'à des armes à feu. Ces branches d'industrie, maintenant réunies dans un même attelier, avec de grands frais & une intelligence rare, se disperseront plus ou moins rapidement dans la province, & passant le Potowmak, iront se naturaliser aussi dans la Virginie.

XXIX. Par qui & comment a été établie la Virginie.

Cette autre colonie, avec le même sol, avec le même climat que le Maryland, a sur lui quelques avantages. Son étendue est beaucoup plus considérable.

Ses fleuves reçoivent de plus gros navires & leur permettent une plus longue navigation. Ses habitans ont un caractere plus élevé, plus ferme, plus entreprenant : ce qu'on pourroit attribuer à ce qu'ils sont plus généralement d'origine Britannique.

La Virginie étoit, il y a deux siecles, tout le pays que l'Angleterre se proposoit d'occuper dans le continent de l'Amérique Septentrionale. Ce nom ne désigne plus que l'espace borné d'un coté par le Maryland, & de l'autre par la Caroline.

Ce fut en 1606 que les Anglois aborderent à cette plage sauvage. James-Town fut leur premier établissement. Un malheureux hasard leur offrit au voisinage un ruisseau d'eau douce, qui sortant d'un petit banc de sable en entraînoit du talc, qu'on voyoit briller au fond d'une eau courante & limpide. Dans un siecle qui ne soupiroit qu'après les mines, on prit pour de l'argent cette poussiere méprisable. Le premier, l'unique soin des nouveaux colons fut d'en ramasser. L'illusion fut si complete, que deux navires étant venus porter des secours, on les renvoya chargés de ces richesses imaginaires. A peine y restoit-il un peu de place pour quelques fourrures. Tant que dura ce rêve, les colons dédaignerent de défricher les terres. Une famine cruelle fut la punition d'un si fol orgueil. De cinq cents hommes envoyés d'Europe, il n'en échappa que soixante à ce fléau terrible. Ce reste malheureux alloit s'embarquer pour Terre-Neuve, n'ayant des vivres que pour quinze jours, lorsque Delaware se présenta avec trois vaisseaux, une nouvelle peuplade, & des provisions de toute espece.

L'histoire peint ce lord comme un génie élevé au-dessus des préjugés de son tems. Son désintéressement égaloit ses lumieres. En acceptant le gouvernement d'une colonie qui étoit encore au berceau, il ne s'étoit proposé que cette satisfaction intérieure que trouve un honnête homme à suivre le penchant qu'il a pour la vertu; que l'estime de la postérité, seconde récompense de la générosité, qui se dévoue & s'immole au bien public. Dès qu'il parut, ce caractere lui donna l'empire des cœurs. Il retint des hommes déterminés à fuir un sol dévorant ; il les consola dans leurs peines ; il leur en fit espérer la fin prochaine : & joignant à la tendresse d'un père toute la fermeté d'un magistrat, il dirigea leurs travaux vers un but utile. Pour le malheur de la peuplade renaissante, le dépérissement de sa santé obligea Delaware de retourner dans sa patrie, mais il n'y perdit jamais de vûe ses colons chéris ; & tout ce qu'il avoit de crédit à la cour, il l'employa toujours à leur avantage.

Cependant la colonie ne faisoit que peu de progrès. On attribuoit cette langueur à la tyrannie inséparable des privileges exclusifs. La compagnie qui les exerçoit fut proscrite à l'avénement de Charles I au trône. Avant cette époque, l'autorité étoit toute entiere dans les mains du monopole. Alors la Virginie reçut le gouvernement Anglois. La couronne ne lui fit acheter ce grand avantage que par une redevance annuelle de 2 liv. 5 s. pour chaque centaine d'acres qu'on cultiveroit.

Jusqu'à ce moment, les colons n'avoient pas connu de véritable propriété. Chacun y erroit au hasard, ou se fixoit dans l'endroit qui lui plaisoit, sans titres ni convention. Enfin des bornes furent posées, & des vagabonds devenus citoyens reçurent des limites dans leurs plantations. Cette premiere loi de la société fit tout changer de face. Les défrichemens se multiplierent de tous les cotés. Cette activité fit accourir à la Virginie une foule d'hommes courageux, qui vinrent y chercher, ou la fortune, ou ce qui en dédommage, la liberté. Les troubles mémorables qui changerent la constitution Angloise, augmenterent encore ce concours d'une foule de monarchistes, qui allerent attendre auprès de Guillaume Berkley, gouverneur de la colonie, & dévoué comme eux au roi Charles, la décision du destin sur ce prince abandonné. Les intérêts de la monarchie furent même soutenus par ce lieutenant zélé après que la fortune eut écrasé le monarque. Mais quelques habitans, séduits ou gagnés, se voyant secondés d'une puissante flotte, livrerent la colonie au protecteur. Si le chef se vit entraîné malgré lui par le torrent, il fut du moins parmi ceux que Charles avoit honorés de places de confiance & d'autorité, le dernier qui plia ſous Cromwel, & le premier qui rompit ſes chaînes. Cet homme courageux gémiſſoit dans l'oppreſſion, lorſque les cris du peuple le rappellerent à la place que la mort de ſon ſucceſſeur laiſſoit vacante. Loin de céder à des inſtances ſi flatteuſes, il déclara qu'il ne ſerviroit jamais que le légitime héritier du monarque détrôné. Cet exemple de magnanimité, dans un tems où l'on ne voyoit point de jour au rétabliſſement de la maiſon royale, fit tant d'impreſſion ſur les eſprits, que d'une voix unanime on proclama Charles II en Virginie, avant qu'il eût été proclamé en Angleterre.

XXX. Obſtacles qui s'oppoſent aux proſpérités de la Virginie.

La colonie ne tira pas d'une démarche ſi généreuſe le fruit qu'elle en pouvoit attendre. Le nouveau monarque y accorda, par foibleſſe ou par corruption, à des courtiſans avides, des terreins immenſes qui abſorboient les poſſeſſions d'un grand nombre de citoyens obſcurs. L'acte de navigation, imaginé par le protecteur & dont le but étoit d'assurer à la métropole l'approvisionnement de tous ses établissemens du Nouveau-Monde, le commerce exclusif de leurs productions, fut observé avec une rigueur qui fit presque doubler de valeur ce que la Virginie devoit acheter, & avilit encore plus ce qu'elle avoit à vendre. Cette double oppression fit tarir les ressources & les espérances de la province. Pour comble de calamité, les sauvages l'attaquerent avec une fureur & une intelligence qu'on ne leur avoit pas reconnues dans les guerres précédentes.

Les Anglois s'étoient à peine montrés dans cette région intacte, qu'ils avoient indisposé le peuple indigene par la mauvaise foi qu'ils avoient mise dans leurs échanges avec lui. Ce germe de division pouvoit être étouffé, s'ils avoient voulu consentir à prendre des compagnes Indiennes, comme on les en sollicitoit. Mais, quoiqu'ils n'eussent pas encore des femmes Européennes, ils repousserent ces liaisons avec hauteur. Ce mépris irrita les Américains, que l'infidélité avoit aliénés, & ils devinrent ennemis irréconciliables. Leur haîne se manifesta par des assassinats secrets, par des hostilités publiques, & en 1622, par une conspiration qui coûta la vie à trois cents trente-quatre personnes, qui auroit même creusé le tombeau de la colonie entiere, si les chefs n'eussent été avertis du danger quelques heures avant l'instant arrêté pour le massacre général.

Depuis cette trahison, il se commit de part & d'autre des atrocités sans nombre. Les trêves entre les deux nations étoient rares & mal observées. C'étoient ordinairement les Anglois qui amenoient la rupture. Moins ils retiroient de bénéfice de leurs plantations, plus ils employoient de ruses & de violences pour dépouiller le sauvage de ses fourrures. Cette insatiable avidité, qui attaquoit sans distinction toutes les peuplades fixes ou errantes au voisinage de la colonie, leur mit de nouveau les armes a la main, vers la fin de 167[illegible]. Elles fondirent de concert sur des établissemens imprudemment dispersés, & trop éloignés les uns des autres pour pouvoir se soutenir réciproquement.

Tant d'infortunes mirent les Virginiens au désespoir. Berkley, après avoir été long-tems leur idole, n'eut plus à leurs yeux ni assez de fermeté contre les vexations de la métropole, ni assez d'activité contre les irruptions de l'ennemi. Tous les regards se tournerent vers Bacon, jeune officier, vif, éloquent, hardi, insinuant, d'une physionomie agréable. On le choisit tumultuairement, irréguliérement, pour général. Quoique ses succès militaires eussent justifié cette prévention de la multitude emportée, le gouverneur, qui avec ce qui lui restoit de partisans s'étoit retiré sur les bords du Potowmak, n'en déclara pas moins Bacon traître à la patrie. Un jugement si sévere, & qui pour le moment étoit une imprudence, détermina le proscrit à s'emparer violemment d'une autorité qu'il exerçoit paisiblement depuis six mois. La mort arrêta ses projets. Les mécontens divisés par la perte de leur chef, intimidés par les troupes qu'ils voyoient arriver d'Europe, ne songerent qu'à demander grace. On ne souhaitoit que de l'accorder.

La rébellion n'eut aucune ſuite fâcheuſe, & la clémence aſſura la ſoumiſſion.

La tranquillité ne fut pas plutôt rétablie, que l'on s'occupa du ſoin de ſe rapprocher des Indiens. Toute liaiſon avoit ceſſé avec eux depuis quelque tems. L'aſſemblée générale de 1678 r'ouvrit les communications : mais elle ordonna que les échanges ne pourroient ſe faire que dans les marchés qu'elle fixoit. Cette innovation déplut aux ſauvages, & les choſes ne tarderent pas à reprendre leur premier cours.

Un objet plus important, c'étoit de redonner de la valeur au tabac, la plus importante & preſque l'unique production de la colonie. On penſa que rien ne contribueroit plus efficacement à le tirer de l'aviliſſement où il étoit tombé, que de repouſſer de la province ceux que le Maryland & la Caroline y portoient, pour les faire paſſer en Europe. Si les législateurs avoient été plus éclairés, ils auroient compris que cet entrepôt devoit faire tomber tôt ou tard dans leurs mains le fret de cette denrée & les rendre les arbitres de ſon prix. En l'éloignant de leurs ports par une ne avarice mal raiſonnée, ils ſe donerent dans tous les marchés des conrrens ; qui leur démontrerent d'une aniere bien amere le vice de leurs rincipes.

Ces arrangemens étoient à peine faits u'au printems de 1679 il arriva un ouveau chef à la colonie. C'étoit le lord olepepper. Les troubles qui avoient écemment bouleverſé cet établiſſeent, l'enhardirent à propoſer un rélement qui condamneroit à un an de riſon & à une amende de 11,250 l. ous les citoyens qui parleroient ou ui écriroient contre leur gouverneur ; trois mois de priſon, & à une amende le 2250 liv. ceux qui parleroient ou qui écriroient contre les membres du conſeil ou quelqu'autre magiſtrat.

Ce Colepepper avoit-il donc peur qu'on doutât des vices de l'adminiſtraion & de l'infidélité des adminiſtraeurs ? En quels lieux du monde les peuples n'ont-ils pas tiré les mêmes conſéquences du ſilence qu'on leur impoſoit ? Eſt-ce l'éloge ou le blâme qu'on redoute de celui à qui l'on ordonne de ſe taire ? Ces défenſes calomnient le gouvernement, s'il eſt bon, puiſqu'elles tendent à perſuader qu'il eſt mauvais. Mais comment réuſſir à les faire obſerver? Peut-on ignorer qu'il eſt dans la nature de l'homme de ſe porter aux actions, du moment où l'on y attache de la gloire en y attachant du péril? L'opprimer & l'empêcher de gémir & de ſe plaindre, c'eſt une atrocité contre laquelle il ne manque jamais de ſe révolter. Comment connoîtrez-vous les rebelles à vos ordres? Par l'eſpionage, par les délations, par les voies les plus ſûres de diviſer les citoyens, & de ſuſciter entre eux la méfiance & les haines. Qui punirez-vous? Les hommes les plus honnêtes & les plus généreux, qui ne ſe tairont jamais lorſqu'ils ſeront perſuadés qu'il eſt de leur devoir de parler. N'en doutez pas: ils braveront vos menaces, ou ils les éluderont. S'ils prennent le premier parti, oſerez-vous les traîner dans une priſon? Si vous l'oſez, croyez-vous qu'ils tardent long-tems à trouver des vengeurs? Si vous ne l'oſez pas, vous tomberez dans le mépris. S'ils avoient été libres de s'expliquer avec franchiſe, ils auroient mis de la dignité & de la modération dans leurs remontrances. La contrainte & le danger du châtiment les transformeront en libelles violens, amers & ſéditieux ; & c'eſt votre tyrannie qui les aura rendus coupables. Souverains, ou vous dépoſitaires de leur autorité, votre adminiſtration eſt-elle bonne ? livrez-là à toute la ſévérité de notre examen ; elle n'y peut gagner que du reſpect & de la ſoumiſſion. Eſt-elle mauvaiſe ? corrigez-la ou défendez-la par la force. Puiſque vous êtes d'abominables tyrans, ayez du moins aſſez d'audace pour l'avouer. Si vous êtes juſtes, laiſſez dire & dormez en paix. Si vous êtes oppreſſeurs, le repos & le ſommeil ne ſont pas faits pour vous ; & malgré tous vos efforts, vous n'en jouirez pas. Souvenez-vous du ſort de celui qui conſentoit à être haï, pourvu qu'il fût craint. Vous le ſubirez, à moins que vous ne ſoyez environnés que de vils eſclaves, tels qu'étoient ſans doute alors les habitans de la Virginie. Les repréſentans de cette province accorderent ſans balancer leur conſentement à une loi qui assuroit l'impunité à tous les brigandages des administrateurs. D'autres malheurs ne tarderent pas à aggraver les infortunes de la Virginie.

Dans l'origine de la colonie, la justice étoit administrée avec un désintéressement qui garantissoit l'équité des jugemens. Une seule cour prenoit connoissance de tous les différends, & prononçoit en peu de jours avec le droit d'appel à l'assemblée générale, qui n'apportoit pas moins de diligence à les terminer. Cet ordre de choses laissoit trop peu d'influence aux gouverneurs sur la fortune des particuliers, pour qu'ils ne cherchâssent pas à l'intervertir. Par leurs manœuvres & sous divers prétextes, ils firent régler que les évocations portées jusqu'alors aux représentans de la province, iroient exclusivement à leur conseil.

Une innovation plus funeste encore fut ordonnée en 1692, par le chevalier Androff. Il voulut que les loix, les tribunaux, les formalités, tout ce qui faisoit un chaos de la jurisprudence angloise, fût établi dans son gouvernement. Rien ne convenoit moins aux planteurs de la Virginie que des ſtatuts ſi bizarres, ſi compliqués, ſouvent ſi contradictoires. Auſſi ces hommes peu éclairés ſe trouverent-ils engagés dans un labyrinthe où ils ne voyoient point d'iſſue. Ils étoient généralement alarmés pour leurs droits, pour leurs propriétés; & cette inquiétude ralentit aſſez long-temps leurs travaux.

Ils ne furent pouſſés avec vigueur & avec ſuccès qu'après le commencement du ſiecle. Rien n'en arrêta l'accroiſſement. Seulement les frontieres de la colonie éprouverent dans les derniers temps quelques dégâts de la part des ſauvages, irrités par des atrocités & des injuſtices. Ces démêlés furent terminés en 1774. On les auroit oubliés ſans le diſcours que tint Logan, chef des Shawenceſes à Dunmore, gouverneur de la province.

“ Je demande aujourd'hui à tout „ homme blanc, ſi preſſé par la faim „ il eſt jamais entré dans la cabane de „ Logan, ſans qu'il lui ait donné „ à manger; ſi venant nu ou tranſi „ de froid, Logan ne lui a pas donné

„ de quoi ſe couvrir. Pendant le cours
„ de la derniere guerre, ſi longue &
„ ſi ſanglante, Logan eſt reſté tran-
„ quille ſur ſa natte, déſirant d'être
„ l'avocat de la paix. Oui, tel étoit
„ mon attachement pour les blancs,
„ que ceux même de ma nation, lorſ-
„ qu'ils paſſoient près de moi, me mon-
„ troient au doigt, & diſoient : *Logan*
„ *eſt ami des blancs.* J'avois même pen-
„ ſé à vivre parmi vous : mais c'étoit
„ avant l'injure que m'a faite un de
„ vous. Le printems dernier, le colo-
„ nel Creſſop, de ſang froid & ſans
„ être provoqué, a maſſacré tous les
„ parens de Logan, ſans épargner ni
„ ſa femme, ni ſes enfans. Il ne coule
„ plus aucune goutte de mon ſang
„ dans les veines d'aucune créature hu-
„ maine. C'eſt ce qui a excité ma ven-
„ geance. Je l'ai cherchée. J'ai tué
„ beaucoup des vôtres. Ma haîne eſt
„ aſſouvie. Je me réjouis de voir luire
„ les rayons de la paix ſur mon pays.
„ Mais n'allez point penſer que ma
„ joie ſoit la joie de la peur. Logan
„ n'a jamais ſenti la crainte. Il ne tour-
„ nera pas le dos pour ſauver ſa vie.

„ Que reste-t-il pour pleurer Logan „ quand il ne sera plus? PERSONNE. „ Que cela est beau! comme cela est simple, énergique & touchant! Démosthène, Cicéron, Bossuet, sont-ils plus éloquens que ce sauvage? Quelle meilleure preuve de cette sentence si connue, que c'est le cœur qui rend l'homme disert?

XXXI. A quel point la Virginie a poussé sa population & son commerce. Quelles sont ses mœurs.

La Virgine comme la plupart des autres colonies, n'attira d'abord que des vagabonds, qui n'avoient ni famille, ni fortune. Leur travail leur donna bientôt quelque aisance, & ils desirerent d'en partager les douceurs avec des compagnes. Comme il n'y avoit point de femmes dans la province, & qu'ils n'en vouloient que d'honnêtes, ils donnerent 2250 liv. pour chaque jeune personne qu'on leur amenoit d'Europe avec un certificat de sagesse & de vertu. Cet usage ne dura pas long-tems. Lorsqu'il ne resta plus de doute sur la salubrité, sur la fertilité du pays, des familles entieres, même d'une condition honorable, se transſporterent dans la Virginie. La population augmentoit aſſez rapidement, lorſque le fanatiſme en vint arrêter les progrès.

La religion du gouvernement fut la premiere, & quelque tems la ſeule qu'on pratiqua dans cette contrée. Des non-conformiſtes paſſerent auſſi les mers. Leurs opinions ou leurs cérémonies révolterent; & la loi ſe permit en 1642, de chaſſer de la province ceux des habitans qui n'étoient pas de la communion Anglicane. L'impérieuſe loi de la néceſſité fit depuis révoquer ce décret funeſte : mais une tolérance ſi tardive, & qui étoit viſiblement accordée avec répugnance, ne produiſit pas le grand effet qu'on en attendoit. Il n'y eut qu'un petit nombre de Presbytériens, de Quakers, de Réfugiés François, qui oſâſſent ſe fier à ce repentir. Le culte de Henri VIII continua à être dominant & comme excluſif.

Cependant avec le temps, les hommes ſe multiplierent ſur cette terre dont la réputation de fécondité augmentoit toujours. La paſſion des richeſſes qui infeſtoit de plus en plus l'ancien contint, donna sans interruption des ci-yens à cette partie du nouveau. On en compte six cents cinquante mille, les calculs du congrès ne sont pas agérés. Dans ce dénombrement sont mpris les esclaves. L'opinion commune les porte à cent cinquante mille. e fut en 1620 que les Hollandois inoduisirent les premiers de ces malureux dans la colonie.

Les travaux de ces hommes blancs, de s hommes noirs, donnent aux deux émisphères du bled, du maïs, des léımes secs, du fer, du chanvre, des irs, des fourrures, des salaisons, du 'ay, des bois, des mâtures, & surut des tabacs généralement supérieurs ceux du Maryland, sans être cepenınt de la même perfection dans tous les parties de la province. La prérence est accordée à ceux de la riviee d'York. On donne le second rang ceux de la riviere James. Ceux qui oissent sur les bord du Rappahanok au sud du Potowmak sont les moins timés.

Depuis 1762 jusques & compris 755, la Grande-Bretagne reçut de la

Virginie & du Maryland réunis, trois millions cinq cents un mille cent dix quintaux de tabac, ce qui fit pour chacune des quatre années huit cents soixante-quinze mille deux cents quatre-vingts quintaux. Elle en exporta deux millions neuf cents quatre-vingt-neuf mille huit cents quintaux, ou sept cents quarante-sept mille quatre cents cinquante quintaux tous les ans, ce qui réduisit sa consommation annuelle à cent vingt-sept mille huit cents trente quintaux.

Depuis 1763 jusques & compris 1770, les deux colonies n'envoyèrent à leur métropole que six millions cinq cents mille quintaux de tabac, ou huit cents douze mille cinq cents quintaux chacune des huit années. Il n'en fut vendu à l'étranger que cinq millions cent quarante-huit mille quintaux, ou six cents quarante-trois mille cinq cents quintaux par année, de sorte que la nation en consomma tous les ans cent soixante-neuf mille quintaux.

Dans l'intervalle des deux époques, l'importation diminua donc année commune de soixante-deux mille sept cents quatre-vingts quintaux, l'exportation de cent trois mille neuf cents cinquante quintaux; & la consommation angloise augmenta de quarante - un mille cent soixante-dix quintaux chaque année.

L'usage du tabac n'a pas diminué en Europe. La passion pour cette superfluité s'est même accrue, malgré les gros droits dont tous les gouvernemens l'ont comme accablée. Si ce qu'en fournissoit l'Amérique Septentrionale trouve de jour en jour parmi nous moins de débouchés, c'est que la Hollande, c'est que l'Alsace, c'est que le Palatinat, c'est que principalement la Russie, en ont poussé la culture avec beaucoup de vivacité.

En 1769 la Virginie & le Maryland réunis vendirent de leurs denrées pour 16, 195, 577 liv. 4 s. 7 den., somme dont les deux tiers appartenoient au premier de ces établissemens. Le tabac fut la principale des productions, puisqu'une colonie en exporta cinquante-sept millions trois cents trente-sept mille sept cents quatre-vingt-quinze livres pesant, & l'autre vingt-cinq millions sept cents quatre-vingt-un mille sept cents soixante - neuf livres.

En Virginie les vaisseaux occupés de l'extraction de ces denrées, ne les trouvent pas réunies dans un petit nombre d'entrepôts, comme dans les autres états commerçans du globe. Ils sont réduits à former leur chargement en détail dans les plantations même, placées à plus ou moins de distance de l'Océan sur des rivieres navigables, depuis cent jusqu'à deux cents milles. Cet usage fatigue les navigateurs, & ralentit leur marche. La Grande-Bretagne qui ne perd jamais de vue la conservation de ses hommes de mer, & qui compte pour beaucoup la multiplication de leurs voyages, desira, ordonna même qu'à l'embouchure des fleuves fussent bâties des villes où seroient envoyées les productions de la province. Les voies d'insinuations, la contrainte des loix, tout fut presqu'également inutile. On ne vit s'élever que quelques foibles bourgades, qui ne remplirent jamais que la moindre partie du but que la métropole s'étoit proposé. Williamsbourg même, quoique le siege du gouverneur, des aſſemblées, des cours de juſtice & des études, quoique décoré des plus beaux édifices publics du continent ſeptentrional, quoique la capitale de la colonie depuis la ruine de James-Town, n'a pas deux mille habitans.

Des hommes qui préférent la tranquillité de la vie champêtre au tumultueux ſéjour des cités, devroient être naturellement économes & laborieux : il n'en fut jamais ainſi dans la Virginie. Toujours ſes habitans mirent beaucoup de recherche dans l'ameublement de leurs maiſons. Toujours ils ſe plurent à recevoir ſouvent leurs voiſins & à les recevoir avec oſtentation. Toujours ils aimerent à étaler le plus grand luxe aux yeux des navigateurs Anglois que les affaires conduiſoient dans leurs plantations. Toujours ils ſe livrerent à cette molleſſe, à cette incurie ſi ordinaire aux régions où l'eſclavage eſt établi. Auſſi les engagemens de la province furent-ils habituellement très-conſidérables. Au commencement des troubles, on les croyoit de 25, 000, 000 livres. Cette ſomme prodigieuſe appartenoit aux négocians de la Grande-Bretagne, pour des noirs ou pour d'autres objets qu'ils avoient fournis. La confiance de ces hardis prêteurs étoit spécialement fondée sur une loi injuste, qui assuroit leur paiement de préférence à toutes les autres dettes, même antérieurement contractées.

La colonie a de grands moyens pour sortir d'une situation en apparence si désespérée. Elle en sortira, lorsqu'elle mettra plus de simplicité dans ses mœurs, plus de modération dans ses dépenses. Elle en sortira, lorsque profitant des ressources d'un sol immense & assez fécond, elle variera, elle perfectionnera ses cultures. Elle en sortira, lorsqu'elle ne tirera pas de l'étranger les meubles les plus communs & de l'usage le plus général. Elle en sortira, lorsque ses atteliers ne se borneront pas à employer quelques foibles portions d'un coton trop mauvais, pour être demandé par les manufactures de l'Europe. Elle en sortira, lorsque ses caisses publiques moins expoliées & mieux réglées permettront la diminution des impôts, beaucoup plus considérables dans cette province que dans aucune autre de ce continent. Plusieurs de ces conseils peuvent intéresser les deux Carolines.

XXXII. Commencement des deux Carolines. Leur premier & leur dernier gouvernement civil & religieux.

La vaste contrée qu'elles occupent fut découverte par les Espagnols peu de tems après leurs premieres expéditions dans le Nouveau-Monde. Elle n'offroit point d'or à leur avarice : ils la mépriserent. L'amiral de Coligny, plus sage & plus habile, y ouvrit une source d'industrie aux protestans François : mais le fanatisme qui les poursuivoit ruina leurs espérances, par l'assassinat de cet homme juste, humain, éclairé. Quelques Anglois les remplacerent vers la fin du seizieme siecle. Un caprice inexplicable leur fit abandonner cet établissement naissant, pour aller cultiver une terre plus dure sous un climat moins tempéré.

On ne voyoit pas un seul Européen dans la Caroline, lorsque les lords Berkley, Clarendon, Albermale, Craven, Ashley, & messieurs Carteret, Berkley

& Colleton obtinrent, en 1663, de Charles II, la propriété de ce beau pays. Le système législatif du nouvel état fut tracé par le fameux Locke. Un philosophe, ami des hommes, ami de la modération & de la justice, qui ont seules le droit de les gouverner, devoit sapper jusqu'aux fondemens le fanatisme qui les a divisés dans toutes les régions, & qui les armera les uns contre les autres jusqu'à la fin des siecles.

L'intolérance, toute affreuse qu'elle nous paroît, est une conséquence nécessaire de l'esprit superstitieux. Ne convient-on pas que les châtimens doivent être proportionnés aux délits? Or quel crime plus grand que l'incrédulité, aux yeux de celui qui regarde la religion comme la base fondamentale de la morale? D'après ces principes, l'irréligieux est l'ennemi commun de toute société; l'infracteur du seul lien qui unit les hommes entre eux; le promoteur de tous les crimes qui peuvent échapper à la sévérité des loix. C'est lui qui étouffe les remords. C'est lui qui rompt le frein des passions. C'est lui qui tient école de scélératesse. Quoi! nous conduisons au gibet un malheureux que l'indigence embuſque ſur un grand chemin, qui s'élance ſur le paſſant un piſtolet à la main, & qui demande un écu dont il a beſoin pour la ſubſiſtance de ſa femme & de ſes enfans expirant de miſère; & l'on fera grace à un brigand infiniment plus dangereux? Nous traitons comme un lâche celui qui ſouffre qu'en ſa préſence on parle mal de ſon ami; & nous exigerons que l'homme religieux laiſſe l'incrédule blaſphêmer à ſon aiſe de ſon maître, de ſon père, de ſon créateur? Il faut ou dire que toute croyance eſt abſurde, ou gémir ſur l'intolérance comme ſur un mal néceſſaire. Saint Louis raiſonnoit très-conſéquemment, lorſqu'il diſoit à Joinville: *ſi tu entends jamais quelqu'un parler mal de Dieu, tire ton épée & perce lui en le cœur; je te le permets.* Tant il eſt important que dans toutes les contrées, ainſi qu'on l'aſſure de la Chine, les ſouverains & les dépoſitaires de leur autorité ne ſoient attachés à aucun dogme, à aucune ſecte, à aucun culte religieux.

Tout porte à penſer que telle étoit l'opinion de Locke. Mais n'oſant attaquer trop ouvertement les préjugés de ſon tems, également cimentés par des vertus & par des crimes, il voulut les concilier, autant qu'il étoit poſſible, avec un principe dicté par la raiſon & l'humanité. Comme les habitans ſauvages de l'Amérique n'ont, diſoit-il, aucune idée de la révélation, ce ſeroit le comble de la folie de les tourmenter pour leur ignorance. Les chrétiens qui viendroient peupler la colonie, y chercheroient ſans doute une liberté de conſcience que les prêtres & les princes leur refuſent en Europe: ce ſeroit donc manquer à la bonne-foi, que de les perſécuter après les avoir reçus. Les Juifs & les païens ne méritoient pas plus d'être rejettés, pour un aveuglement que la douceur & la perſuaſion pouvoient faire ceſſer.

C'eſt ainſi que raiſonnoit le philoſophe Anglois, avec des eſprits imbus & prévenus de dogmes qu'on ne s'étoit pas encore permis de diſcuter. Par égard pour leur foibleſſe, il mit à la tolérance qu'il établiſſoit, cette reſtriction, que toute perſonne au-deſſus de dix-ſept ans, qui prétendroit à la protection des loix feroit inſcrire ſon nom dans le regiſtre de quelque communion. C'étoit une brèche à ſon ſyſtème. La liberté de conſcience ne ſouffre aucune ſorte de modification. C'eſt un compte que l'homme doit à Dieu ſeul. De quelque maniere qu'on y faſſe intervenir le magiſtrat, c'eſt une injuſtice. Un déiſte pouvoit-il ſe ſoumettre à cette condition ?

Cependant la liberté civile fut beaucoup moins favoriſée par Locke. Soit par complaiſance pour ceux qui l'employoient, eſpece de baſſeſſe dont on répugne à le ſoupçonner ; ſoit que plus métaphyſicien que politique, il n'eût ſuivi la philoſophie que dans les ſentiers ouverts par Deſcartes & par Leibnitz : cet homme qui détruiſit, qui éloigna tant d'erreurs dans ſa théorie ſur l'origine des idées, ne marcha que d'un pas foible & chancelant dans la carrière de la légiſlation. L'auteur d'un ouvrage, dont la durée éterniſera la gloire de la nation Françoiſe, même lorſque le deſpotiſme aura briſé tous les reſſorts & tous les monumens du génie & de la valeur d'un peuple cher au monde par tant de qualités aimables & brillantes : Montefquieu lui-même ne s'eft pas apperçu qu'il faifoit des hommes pour les gouvernemens, au lieu de faire des gouvernemens pour les hommes.

Le code de la Caroline, par une bizarrerie inconcevable dans un Anglois & dans un philofophe, donnoit aux huit propriétaires qui la fondoient & à leurs héritiers, non-feulement les prérogatives de la couronne : mais encore toute la puiffance légiflative.

Le premier ufage que firent de leur autorité ces fouverains, ce fut de créer trois ordres de nobleffe. Ils appellerent barons ceux qu'ils ne gratifioient que de douze mille acres de terre. On donna le nom de caciques à ceux qui en recevoient vingt-quatre mille ; & le titre de landgrave fut déféré aux deux qui en obtinrent quatre-vingt mille chacun. Ces conceffions ne pouvoient jamais être aliénées en détail ; & leurs heureux poffeffeurs devoient feuls former la chambre des pairs. Les communes furent compofées des repréfentans des villes & des comtés, mais avec des droits beaucoup moins confidérables que dans la métropole. L'assemblée fut nommée cour Palatine. Chaque tenancier étoit obligé à une redevance annuelle d'une livre deux sols six deniers par acre : mais il lui étoit libre de la racheter.

De puissans obstacles s'opposerent trop long-tems aux progrès de ce grand établissement.

Dès l'origine, la colonie avoit été ouverte à toutes les sectes indistinctement ; toutes y avoient joui des mêmes prérogatives. On avoit compris que c'étoit l'unique moyen de faire arriver promptement un état naissant à de grandes prospérités. Dans la suite, les Anglicans, devenus jaloux des non-conformistes, voulurent les exclure du gouvernement, les obliger même à fermer leurs lieux de prière. Ces actes de folie & de violence furent annullés, en 1706, par la métropole, comme contraires à l'humanité, à la justice, à la raison, à la politique. Du choc de ces rêveries sortirent des cabales & des tumultes qui détournerent les habitans des travaux utiles, pour les occuper de mille fantômes qu'on ne méprisera jamais autant qu'ils le méritent.

Deux guerres qu'on fit aux sauvages furent presque aussi extravagantes, presque aussi destructives de tout bien. Sans intérêt & sans motif, on attaqua, on massacra toutes les nations errantes ou fixées entre l'océan & les Apalaches. Ce qui échappa au glaive, se soumit ou se dispersa.

Cependant une constitution mal ordonnée fut la cause principale d'une inertie presque générale. Les seigneurs propriétaires, imbus de principes tyranniques, tendoient de toutes leurs forces au despotisme. Les colons, éclairés sur les droits de l'homme, mettoient tout en œuvre pour éviter la servitude. Il falloit, ou établir un nouvel ordre de choses, ou consentir à voir éternellement gémir dans l'humiliation, dans la misère & dans l'anarchie, une vaste contrée dont on s'étoit promis de si grands avantages. Le sénat Britannique prit enfin, en 1728, le parti de rendre ce beau domaine à la nation, & d'accorder à ses premiers maîtres 540,000 livres de dédommagement.

Granville ſeul, par des conſidérations qui ne nous ſont pas connues, fut maintenu dans ſon huitième, ſitué ſur les confins de la Virginie: mais cette partie-là même ne tarda pas à recouvrer auſſi ſon indépendance. Le gouvernement Anglois, tel qu'il ſe trouvoit déja établi dans d'autres provinces du Nouveau-Monde, fut ſubſtitué à l'arrangement bizarre que, dans des tems d'une extrême corruption, des favoris inſatiables avoient arraché à un monarque indolent & foible. Alors le pays put eſpérer des proſpérités. Dans la vue d'en ſimplifier l'adminiſtration, il fut partagé en deux gouvernemens indépendans, ſous le nom de Caroline Méridionale & de Caroline Septentrionale.

XXXIII. Ce que les deux Carolines ont de commun.

Les deux contrées réunies occupent plus de quatre cents mille ſur la côte, & environ deux cents milles dans l'intérieur des terres. C'eſt une plaine généralement ſablonneuſe que le débordement des rivieres, que des pluies fortes & fréquentes rendent très-marécageuſe. Le ſol ne commence à s'élever qu'à quatre-vingts ou cent milles de la mer, &

il s'élève toujours davantage jusqu'aux Apalaches. Sur ces plages & au milieu des pins qu'y a irréguliérement jettés la nature, se nourrissent d'une herbe forte & grossière quelques moutons dont la chair & la toison ont extrêmement dégénéré, un assez grand nombre de bêtes à corne qui n'ont pas conservé toute leur force, toute leur beauté, une multitude innombrable de porcs qui paroissent s'être perfectionnés.

Le pays est arrosé par un grand nombre de rivières dont quelques-unes sont navigables. Elles le seroient dans un plus long cours, sans les rochers & les chutes d'eau qui en interrompent la navigation.

Quoique le climat soit aussi variable que dans le reste de l'Amérique Septentrionale, il est ordinairement d'une température agréable. Un froid piquant ne se fait guère sentir que le matin ou le soir, & les chaleurs sont rarement fort vives. Si les brouillards sont ordinaires, du moins se dissipent-ils au milieu du jour. Malheureusement dans les mois de juillet, août, septembre & octobre, regnent dans la plaine des fièvres intermit-

ιittentes, quelquefois funeſtes aux ré-
nicoles même, & trop ſouvent mor-
꞉lles pour des étrangers.

Telle eſt l'organiſation phyſique des
eux Carolines. Il faut voir ce qui les
iſtingue.

XXXIV. Ce qui diſtingue la Caroline Septentrionale.

La Caroline Septentrionale eſt une
les plus grandes provinces du conti-
ıent. Malheureuſement elle n'offre pas
les avantages proportionnés à ſon éten-
lue. Le ſol y eſt généralement plus plat,
ılus ſablonneux, plus rempli de marais
que dans la Caroline Méridionale. Ces
riſtes plaines ſont couvertes de pins ou
de cèdres, ce qui annonce un terrein
ingrat; & ſemées par intervalles d'un
petit nombre de chênes trop gras pour
être employés à la conſtruction des vaiſ-
ſeaux. Les côtes, généralement barrées
par un banc de ſable qui en écarte les
navigateurs, n'appellent pas plus im-
périeuſement la population que l'inté-
rieur des terres. Enfin le pays eſt plus
expoſé que les contrées limitrophes aux
ouragans qui viennent du ſud-eſt.

Ces motifs éloignerent ſans doute

les Anglois de la Caroline Septentrionale, quoique ce fût la premiere plage qu'ils eussent découverte dans le Nouveau-Monde. Aucun des nombreux expatriés que leur caractere ou leur situation poussoient dans cet autre hémisphère, n'y portoit sa misère ou son inquiétude. Ce ne fut que tard que quelques vagabonds, sans aveu, sans loix, sans projets, s'y fixerent. Mais avec le tems les terres devinrent rares dans les autres colonies; & alors les hommes qui n'étoient pas en état d'en acheter, refluerent dans une région qui leur en offroit gratuitement. On voit aujourd'hui dans la province, selon le congrès, trois cents mille ames, où l'on ne compte que très-peu d'esclaves. Peu de ces habitans sont Anglois, peu sont Irlandois, peu sont Allemands. La plupart ont une origine Ecossoise; & il faut en dire la raison.

Ces montagnards, dont un grand peintre a depuis peu si fiérement tracé le caractere, ne furent asservis ni par les Romains, ni par les Saxons, ni par les Danois. Leur bravoure repoussa toute invasion; & les coutumes étrangeres ırrèterent au pied de leurs inaccessi-es demeures. Isolés du reste du globe, ; montroient dans leurs manieres la ɔlitesse des cours, sans en avoir les ıces; dans leur maintien, une fierté ıi leur étoit inspirée par la noblesse de ur origine; dans leur cœur toute la élicatesse de notre point d'honneur, ıns ses ombrages minutieux. Comme industrie n'en avoit pas fait des ma-ıines, & que la nature de leur sol & e leur climat ne les appelloit que dans eux saisons aux travaux champêtres, s avoient de très-longs loisirs. C'étoit chasse, c'étoit la guerre, c'étoit la anse, qui les consommoient, ou à leur éfaut, des conversations animées par es expressions pittoresques, par des ensées originales. La plupart étoient ıusiciens. Des écoles s'ouvroient par-out pour la jeunesse. Sous chaque toît n trouvoit au moins un historien pour appeller les grands événemens, & un oète pour les chanter. Les lacs, les orêts, les antres, les cataractes, la ma-estueuse grandeur de tous ces objets qui les entouroient, donnoit de l'élé-vation à leur esprit, jettoit une teinte de mélancolie ſur leur caractere, & entretenoit un enthouſiaſme ſacré au fond de leur ame. Ces peuples s'eſtimoient ſans mépriſer les autres nations. Leur aſpect en impoſoit à l'homme civiliſé, dans lequel ils ne voyoient qu'un de leurs ſemblables, de quelque titre qu'il fût décoré. L'étranger qui ſe préſentoit étoit reçu avec une affection ſimple & cordiale. Ils conſervoient longtemps le reſſentiment de l'injure faite à l'un d'entr'eux : les liens du ſang la rendoient commune à tous. Après un combat, ils panſoient les plaies de leur ennemi avant les leurs. Toujours armés, l'uſage habituel des inſtrumens homicides leur en ôtoit la crainte. Ils croyoient aux eſprits. Si l'éclair brilloit pendant la nuit, ſi le tonnerre grondoit ſur leur tête, ſi l'orage briſoit les arbres autour de leurs maiſons & en ébranloit la couverture, ils imaginoient qu'un héros oublié leur reprochoit leur ſilence. Ils prenoient leurs inſtrumens; ils entonoient un hymne en ſon honneur ; ils l'aſſuroient que ſa mémoire ne finiroit plus parmi les enfans des hommes. Ils ajoutoient foi aux pressentimens & à la divination. Tous se soumettoient au culte établi. Jamais la superstition ne suscita de querelles, ne répandit une goutte de sang.

Ces mœurs ne changeoient point & ne pouvoient changer. Les Ecossois formoient un grand nombre de tribus appellées *clans*, dont chacune portoit un nom différent, & vivoit sur les terres d'un seigneur particulier. C'étoit le patriarche héréditaire d'une famille dont ils descendoient tous, sans qu'aucun ignorât à quel degré de descendance. Le château étoit comme un bien commun où chacun étoit assuré de trouver un accueil honorable, où chacun accouroit au bruit d'une guerre. Tous révéroient dans leur chef leur propre dignité; tous aimoient leur sang dans les autres membres de la confédération. Tous supportoient patiemment leur sort, parce qu'il n'avoit jamais rien d'humiliant. De son coté, le chef étoit un pere commun, autant par reconnoissance que par intérêt.

Cet ordre de choses subsista pendant une longue suite de siecles, sans la moindre altération. A la fin, les seigneurs contracterent l'habitude de passer une grande partie de leur vie en voyages, à Londres ou à la cour. Ces absences répétées détacherent d'eux des vassaux qui les voyoient moins & qui n'en étoient plus secourus. Alors des hommes qu'aucuns liens d'affection ne retenoient plus dans leurs stériles & sauvages montagnes, se disperserent. Plusieurs allerent chercher une autre patrie dans plusieurs provinces Américaines. Le glus grand nombre se réfugia dans la Caroline Septentrionale.

Ces colons sont rarement rassemblés. Aussi sont-ils les moins instruits des Américains, les plus indifférens pour l'intérêt public. La plupart vivent épars sur leurs plantations, sans ambition & sans prévoyance. On leur trouve peu d'ardeur pour le travail, & rarement sont-ils bons cultivateurs. Quoiqu'ils aient le gouvernement Anglois, les loix n'ont que très-peu de force. Leurs mœurs domestiques sont meilleures que leurs mœurs sociales; & il est presque sans exemples qu'un homme ait eu quelque liaison avec une esclave. C'est le porc, c'est le lait, c'est le maïs, qui font leur nourriture ; & l'on n'a d'autre intempérance à leur reprocher qu'une paſſion démeſurée pour les liqueurs fortes.

Les premiers malheureux qu'un ſort errant jetta ſur ces ſauvages rives, ſe bornoient à couper du bois qu'ils livroient aux navigateurs qui ſe préſentoient pour l'acheter. Bientôt ils demanderent au pin qui couvroit le pays de la térébenthine, du goudron, de la poix. Pour avoir de la térébenthine, il leur ſuffiſoit d'ouvrir dans le tronc de l'arbre des ſillons, qui prolongés juſqu'à ſon pied aboutiſſoient à des vaſes diſpoſés pour la recevoir. Vouloient-ils du goudron ? Ils élevoient une platte-forme circulaire de terre glaiſe, où ils entaſſoient des piles de pin : on mettoit le feu à ce bois, & la réſine en découloit dans des barils placés au-deſſous. Le goudron ſe réduiſoit en poix, ſoit dans de grandes chaudieres de fer où on le faiſoit bouillir, ſoit dans des foſſes de terre glaiſe où on le jettoit en fuſion. Avec le temps la province parvint à fournir à l'Europe des cuirs, un peu de cire, quelques fourrures, dix ou douze millions pesant d'un tabac inférieur ; & aux Indes Occidentales, beaucoup de cochon salé, beaucoup de maïs, beaucoup de légumes secs, une petite quantité de mauvaises farines, & plusieurs objets de moindre importance. Cependant les exportations de la colonie ne passoient pas douze ou quinze cents mille livres.

Le soin de voiturer ses propres denrées n'a pas occupé la Caroline Septentrionale. Ce que son sol fournit au nouvel hémisphere a été enlevé jusqu'ici par les navigateurs du nord de l'Amérique, qui lui portoient en échange des eaux-de-vie de sucre, dont elle n'a pas discontinué de faire une consommation immense. Ce qu'elle livre pour l'ancien a passé par les mains des Anglois, qui lui fournissoient son vétement, les instrumens de sa culture, & quelques négres.

Dans toute l'étendue des côtes, il n'y a que Brunswick qui puisse recevoir les navires destinés à ces opérations. Ceux qui ne tirent que seize pieds d'eau abordent à cette ville bâtie presqu'à l'embouchure de la riviere du cap Fear, vers l'extrémité méridionale de la province. Wilgminton, sa capitale placée plus haut sur le même fleuve, n'admet que des bâtimens beaucoup plus petits.

XXXV. *Ce qui distingue la Caroline Méridionale.*

La Caroline Méridionale fournit au commerce des deux mondes les mêmes objets que la Caroline Septentrionale, mais en moindre quantité. Elle a principalement tourné ses travaux vers le riz & vers l'indigo.

Le riz est une plante assez semblable au bled par son port, la couleur, la forme & la disposition de son feuillage. Le panicule qui termine la tige, est composé de petites fleurs distinctes les unes des autres, qui ont quatre écailles inégales, six étamines & un pistil surmonté de deux styles. Ce pistil devient une graine blanche, très-farineuse, couverte de deux écailles intérieures qui sont plus grandes, jaunâtres, chargées de petites aspérités, & relevées de plusieurs côtes saillantes, dont la moyenne se termine par une arête ou barbe assez longue. Cette plante ne se plaît que dans les terreins bas, humides, même marécageux & un peu inondés. L'époque de sa découverte remonte à la plus haute antiquité.

L'Egypte s'en occupa dans les premiers tems, malheureusement pour elle. Le pernicieux effet de cette culture, la rendit la contrée la plus mal-saine du monde connu, sans cesse ravagée par des épidémies, & constamment affligée de maladies cutanées, qui passerent de cette région dans les autres, où elles se sont perpétuées pendant des siecles, & où elles n'ont cessé que par la cause contraire à celle qui les avoit produites, le desséchement des marais, la salubrité de l'air & des eaux. La Chine & les Indes Occidentales doivent éprouver les mêmes calamités, si l'art n'oppose des préservatifs à la nature, dont les bienfaits sont quelquefois accompagnés de maux, ou si la chaleur de la Zone-Torride ne dissipe promptement les vapeurs humides & malignes qui s'exhalent des rizieres. Ce qui est connu, c'est que celles du Milanez n'offrent que des cultivateurs livides & hydropiques.

On n'eſt pas d'accord ſur la maniere dont le riz s'eſt naturaliſé à la Caroline. Mais ſoit qu'elle le doive à un naufrage, qu'on l'y ait porté avec des eſclaves, ou qu'il y ait été envoyé d'Angleterre, toujours eſt-il certain que le ſol ſembloit l'appeller. Cependant il ſe multiplia très-lentement, parce que les colons obligés d'envoyer leurs récoltes dans les ports de la métropole, qui les tranſportoit en Eſpagne & en Portugal où s'en faiſoit la conſommation, retiroient un ſi mince prix de leur denrée, qu'à peine rendoit-elle les frais de culture. En 1730, une adminiſtration plus éclairée permit l'exportation directe de ce grain au-delà du cap Finiſterre. Quelques années après, elle la permit aux Indes Occidentales; & alors la province aſſurée de vendre avantageuſement le bon riz en Europe, & le riz inférieur ou gâté en Amérique, s'en occupa capitalement. Cette production croît par les ſoins des négres dans les marais voiſins des côtes. A une plus grande diſtance de l'océan, les mêmes bras font naître, mais avec moins de danger, l'indigo.

Cette plante originaire de l'Indoſtan réuſſit d'abord au Mexique, puis aux Antilles, & enfin dans la Caroline Méridionale. Dans cette province les premiers eſſais ne donnerent que des produits d'une qualité très-inférieure : mais ce germe de teinture acquiert tous les jours plus de perfection. Ses cultivateurs ne déſeſperent pas même de ſupplanter avec le tems les Eſpagnols & les François dans tous les marchés. Ils fondent leur eſpoir ſur l'étendue de leur ſol, ſur l'abondance & le bon marché des ſubſiſtances, principalement ſur l'uſage où ils ſont de labourer leurs champs avec des animaux, & d'y ſemer l'indigo comme le bled ; tandis que dans les Indes Occidentales, c'eſt l'eſclave qui prépare les terres, c'eſt l'eſclave qui jette la graine dans des trous diſpoſés de diſtance en diſtance pour la recevoir.

Si contre toute apparence cette révolution dans le commerce arrivoit jamais, la Caroline Méridionale, qui compte actuellement deux cents cinquante mille habitans, moitié blancs moitié noirs, & dont les exportations, en y comprenant celles de la Caroline Septentrionale, s'éleverent en 1769 à 10, 601, 336 livres, la Caroline Méridionale verroit bientôt doubler sa population & ses cultures. C'est déja de toutes les provinces du continent septentrional la plus riche. Aussi le goût des commodités y est-il général : aussi les dépenses s'y élevent-elles jusqu'au luxe. Cette magnificence se faisoit surtout remarquer naguere dans les enterremens. On y rassembloit le plus grand nombre de citoyens qu'il étoit possible ; on leur servoit des mets recherchés ; on leur prodiguoit les vins les plus exquis, les liqueurs les plus rares. Aux vases précieux qu'on avoit, étoient ajoutés ceux des parens, des voisins, des amis. Il étoit ordinaire de voir des fortunes arriérées ou dérangées par ces funérailles. Les sanglans & ruineux démêlés des colonies avec leur métropole ont mis fin à ces profusions, mais sans abolir un usage peut-être plus extravagant.

Dès l'origine de l'établissement, les ministres de la religion imaginerent de louer indistinctement dans le temple toutes celles de leurs ouailles qui termineroient leur carriere. Jamais ce ne furent les actions ou les vertus du mort qui furent la mesure des éloges, mais la rétribution plus ou moins forte qui devoit suivre l'oraison funebre. Ainsi donc tandis que le prêtre catholique trafiquoit dans nos contrées de la prière, le ministre hétérodoxe plus odieux trafiquoit dans l'autre hémisphère de la louange pour les morts.

Etoit-il un moyen plus sûr d'avilir la vertu, d'affoiblir l'horreur du vice, & de corrompre dans les esprits les vraies notions de l'une & de l'autre ? Quoi de plus scandaleux pour tout un auditoire chrétien, que l'impudence d'un orateur évangélique préconisant un citoyen abhorré pour son avarice, sa dureté, ses débauches, un mauvais père, un fils ingrat, des époux dissolus, & plaçant dans le ciel ceux que le juge tout-puissant avoit précipités dans le fond des enfers, si sa bonté lui a permis d'en creuser ?

La Caroline Méridionale n'a que trois villes digne de ce nom, & elles sont en même tems des ports.

Georges-Town, ſitué à l'embouchure de la riviere de Black, eſt encore peu de choſe : mais ſa ſituation doit le rendre un jour plus conſidérable.

Beaufort ou Port-Royal, ne ſortira pas de ſa médiocrité, quoique ſa rade puiſſe recevoir les plus grands vaiſſeaux & les mettre en ſûreté.

C'eſt Charles-Town, capitale de la colonie, qui eſt actuellement le marché important, & qui le deviendra néceſſairement de plus en plus.

Le canal qui y conduit, eſt ſemé de récifs & embarraſſé par un banc de ſable : mais avec le ſecours d'un bon pilote, on arrive ſûrement au port. Il peut recevoir juſqu'à trois cents voiles ; & les navires de trois cents cinquante à quatre cents tonneaux y entrent dans tous les temps avec leur chargement entier.

La ville occupe un grand eſpace au confluent de l'Ashley & de la Coper ; deux rivieres navigables. Elle a des rues bien alignées, la plupart fort larges, deux mille maiſons commodes, & quelques édifices publics, qui paſſeroient pour beaux en Europe même. Le double avantage qu'a Charles-Town d'être l'entrepôt de toutes les productions de la colonie qui doivent être exportées & de tout ce qu'elle peut consommer de marchandises étrangeres, y entretient un mouvement rapide & y a successivement élevé des fortunes fort considérables.

Les deux Carolines sont encore bien éloignées du point de grandeur où il leur est permis d'aspirer. Celle du Nord ne demande pas à son sol toutes les productions qu'il lui offre, & celles dont elle paroît s'occuper un peu sont comme abandonnées au hasard. On remarque plus d'intelligence, plus d'activité dans celle du Sud : mais elle n'a pas vu ou assez vu jusqu'où la culture de l'olivier & de la soie pourroit pousser sa fortune. Ni l'une ni l'autre n'ont défriché le quart du terrein qui peut être utilement exploité. C'est un travail réservé aux générations futures, & à une plus grande population. Alors, sans doute il s'établira quelque industrie dans des provinces où il n'en existeroit pas de trace, si les réfugiés François n'y avoient porté une manufacture de toiles.

XXXVI. Par qui, à quelle occaſion & de quelle maniere fut fondée la Georgie?

Entre la Caroline & la Floride eſt une langue de terre, qui occupe ſoixante milles le long de la mer, acquiert peu-à-peu une largeur de cent cinquante milles, & a trois cents milles de profondeur juſqu'aux Apalaches. Ce pays eſt borné au Nord par la riviere de Savannah, & au midi par la riviere d'Alatamaha.

Depuis long-temps le miniſtere Britannique penchoit à occuper ce déſert, regardé comme une dépendance de la Caroline. Un de ces actes de bienfaiſance, que la liberté, mère des vertus patriotiques, rend plus communs en Angleterre que par-tout ailleurs, acheva de décider les vues du gouvernement. Un citoyen compatiſſant & riche voulut qu'après la fin de ſes jours ſes biens fuſſent employés à rompre les fers des débiteurs inſolvables, que leurs créanciers détenoient en priſon. Quel eſt ailleurs & parmi nous celui qui ſe propoſera d'expier ainſi le long abus de ſes proſpérités ? Pluſieurs mourront après avoir diſſipé des millions, ſans pouvoir ſe rappeller une ſeule action honnête. Pluſieurs mourront, en laiſſant à des héritiers qui ſoupirent après leur décès, des tréſors acquis par l'uſure & les concuſſions, ſans réparer par quelque inſtitution honorable & utile le crime de leur opulence. Un des effets de l'or ſeroit-il donc d'endurcir l'ame juſqu'à la fin & d'étouffer le remords ? Preſque aucun qui ait ſu en faire un digne uſage pendant ſa vie ; aucun qui l'emploie à acquérir la paix du dernier moment. La ſageſſe politique ſecondant le vœu de l'humanité, ordonna que les infortunés qu'on rendroit libres, ſeroient transportés dans la terre inhabitéè qu'on ſe propoſoit de peupler. Ce pays fut appellé Georgie, en l'honneur du ſouverain qui gouvernoit alors les trois royaumes.

Cet hommage d'autant plus flatteur qu'il ne venoit pas de l'adulation, l'exécution d'une entrepriſe vraiment utile à l'état, tout fut l'ouvrage de la nation. Le parlement ajouta 225,000 livres au legs ſacré d'un citoyen. Une souscription volontaire produisit des sommes encore plus considérables. Un homme qui s'étoit fait remarquer dans la chambre des communes par son goût pour les choses brillantes, par son amour pour la patrie, par sa passion pour la gloire, fut chargé de diriger un si digne projet avec ces moyens publics. Jaloux de se montrer égal à sa réputation, Oglethorpe voulut conduire lui-même en Georgie les premiers colons qu'on y faisoit passer. Il y arriva au mois de Janvier 1733, & plaça ses compagnons à dix milles de la mer sur les bords de la Savannah. Cette riviere donna son nom au foible établissement, qui pouvoit devenir un jour la capitale d'une colonie florissante. La peuplade bornée à cent personnes fut grossie avant la fin de l'année jusqu'au nombre de six cents dix-huit, dont cent vingt-sept avoient fait les frais de leur émigration. Trois cents vingt hommes & cent treize femmes, cent deux garçons & quatre-vingt-trois filles, étoient le fonds de la nouvelle population, & l'espérance d'une nombreuse postérité.

Ces fondemens s'accrurent en 1735 de quelque montagnards Ecossois. Leur bravoure nationale leur fit accepter l'établissement qu'on leur offrit sur les rives de l'Alatamaha, pour les défendre, s'il le falloit, contre les entreprises de l'Espagnol voisin. Ils y fonderent la bourgade de Darien, à cinq lieues de l'isle de Saint-Simon, où étoit déja établi le hameau de Frédérica.

La même année, un grand nombre de laboureurs Protestans, chassés de Saltzbourg par un prêtre fanatique, allerent chercher la paix & la tolérance dans la Georgie. Ebenezer, placé sur la riviere de Savannah, à seize lieues de l'océan, dut son origine à ces victimes d'une odieuse superstition.

Des Suisses imiterent les sages Salzbourgeois, sans avoir été persécutés comme eux. Ils s'établirent aussi sur la Savannah, trois lieues plus bas, mais sur une rive qui les mettoit sous les loix de la Caroline. Leur peuplade formée de cent maisons s'appella Purysbourg, du nom de Pury, qui ayant fait la dépense de leur transplantation méritoit bien cette marque de reconnoissance.

Dans ces quatre ou cinq peuplades, il ſe trouva des hommes plus portés au commerce qu'à l'agriculture. On les en vit ſortir, pour aller fonder à cent quarante-cinq milles de l'océan, la ville d'Auguſta. Ce n'étoit pas la bonté du ſol qu'ils cherchoient; ils vouloient partager avec la Virginie, avec les deux Carolines, les pelleteries que ces provinces obtenoient des Creeks, des Chickeſaws, des Cherokees, les nations ſauvages les plus nombreuſes de ce continent. Leur projet réuſſit ſi bien, que dès 1739 ces liaiſons occupoient ſix cents perſonnes. L'extraction de ces fourrures d'une qualité inférieure étoit d'autant plus facile, que durant la plus grande partie de l'année la Savannah conduit des barques de vingt à trente tonneaux juſqu'aux murs d'Auguſta.

La métropole pouvoit, ce ſemble, beaucoup eſpérer d'un établiſſement qui dans un tems très-borné avoit reçu cinq mille habitans, qui avoit coûté 1,485,000 liv. au fiſc, & beaucoup davantage aux zélés patriotes. Quel dut être ſon étonnement, lorſqu'en 1741 on l'inſtruiſit que la plupart des malheureux qui étoient allés chercher un asyle dans la Georgie, s'en étoient successivement retirés, & que le peu qui y restoit encore soupiroit sans cesse après un séjour moins insupportable? On chercha les causes d'un événement si singulier, & on les trouva.

XXXVII. Obstacles qui s'opposerent aux progrès de la Georgie.

Dans sa naissance même, cette colonie avoit porté le germe de son dépérissement. On avoit abandonné la jurisdiction avec la propriété de la Georgie, à des particuliers. L'exemple de la Caroline auroit dû prévenir contre cette imprudence: mais chez les nations, comme chez les individus, les fautes du passé sont perdues pour l'avenir. Le plus souvent, les faits sont ignorés. Sont-ils connus, on en impute les fâcheuses conséquences à des prédécesseurs mal habiles; ou l'on trouve, dans quelques légères différences entre les circonstances & dans quelques précautions frivoles, le moyen de colorer des opérations radicalement vicieuses. D'où il arrive qu'un gouvernement éclairé, surveillé par la nation, n'est pas même à l'abri des surprises qu'on fait à sa confiance. Le ministere Britannique livra donc l'intérêt public à l'avidité des intérêts privés.

Le premier usage que les propriétaires de la Georgie firent de l'autorité sans bornes qu'on leur avoit accordée, fut d'établir une législation qui mettoit dans leurs mains, non-seulement la police, la justice, & les finances du pays, mais la vie & les biens de ses habitans. On ne laissoit aucun droit au peuple, qui dans l'origine a tous les droits. Contre ses intérêts & ses lumieres, on vouloit qu'il obéît; c'étoit son devoir & son sort.

Comme les grandes possessions avoient entraîné des inconvéniens dans d'autres colonies, on arrêta que dans la Géorgie chaque famille n'auroit d'abord que cinquante acres de terre, & n'en posséderoit jamais plus de cinq cents; qu'elle ne pourroit pas les aliéner; qu'ils ne passeroient pas même en héritage aux filles. Il est vrai que cette substitution aux seuls mâles fut bientôt abrogée; mais on laissoit subsister encore trop d'obstacles à l'émulation.

Lorſqu'un homme n'eſt ni pourſuivi par les loix, ni chaſſé par l'ignominie, ni tourmenté par la tyrannie religieuſe, par l'acharnement de ſes créanciers, par la honte de la miſere, par le manque de toutes les ſortes de reſſources dans ſon pays, il ne renonce pas à ſes parens, à ſes amis, à ſes concitoyens; il ne s'expatrie pas, il ne traverſe pas les mers, il ne va pas chercher une terre éloignée, ſans y être attiré par des eſpérances qui l'emportent ſur l'attrait du ſol qui le retient, ſur le prix qu'il attache à ſon exiſtence & ſur les périls auxquels il s'expoſe. Se jetter ſur un vaiſſeau pour être dépoſé ſur une plage inconnue, eſt l'action d'un déſeſpéré, à moins que l'imagination ne ſoit frappée par le fantôme d'un grand bonheur, fantôme que la moindre alarme diſſipera. Si l'on ébranle, de quelque maniere que ce ſoit, la confiance vague & illimitée que l'émigrant a dans ſon induſtrie, qui compoſe toute ſa fortune, il reſtera ſur le rivage. Et tel devoit être néceſſairement l'effet des limites impoſées à chaque plantation. Il y

avoit

avoit d'autres vices à la racine de l'arbre qui l'empêchoient de fleurir.

Les colonies Angloises, même les plus fertiles, ne paient qu'un foible cens, encore n'est-ce qu'après avoir pris de la vie & des forces. La Georgie fut dès le berceau soumise aux redevances du gouvernement féodal, dont on l'avoit comme entravée. Ces rentes devoient s'accroître outre mesure, avec le tems. Ses fondateurs furent aveuglés par la cupidité, au point de ne pas voir que le plus petit droit exercé dans une province peuplée & florissante, les enrichiroit bien plus que les taxes les plus multipliées sur une terre inculte & déserte.

A ce genre d'oppression, se joignit un arrangement qui devint une nouvelle cause d'inaction. Les désordres qu'entraînoit dans tout le continent de l'Amérique Septentrionale l'usage des liqueurs spiritueuses, fit défendre l'importation des eaux-de-vie de sucre dans la Georgie. Cette interdiction, quelqu'honnête qu'en fût le motif, ôtoit aux colons la seule boisson qui pouvoit corriger le vice des eaux du pays, qu'ils trouvoient par-tout mal-ſaines, & l'unique moyen de réparer la déperdition qu'ils faiſoient par des ſueurs continuelles : elle leur fermoit encore la navigation aux Indes Occidentales, où ils ne pouvoient aller échanger contre ces liqueurs, les bois, les grains, les beſtiaux, qui devoient être leurs premieres richeſſes.

Toutes foibles qu'étoient ces reſſources, elles devoient s'accroître très-lentement, à cauſe d'une défenſe digne d'éloge, ſi le ſentiment de l'humanité & non la politique l'avoit dictée. L'uſage des eſclaves fut interdit aux colons de la Georgie. D'autres colonies avoient été fondées ſans la main des negres. On penſa qu'une contrée deſtinée à être le boulevard de ces poſſeſſions ne devoit pas être peuplée d'une race de victimes, qui n'auroient aucun intérêt à défendre des tyrans. Croit-on que la prohibition auroit eu lieu, ſi l'on eût prévu que des colons moins favoriſés de la métropole que leurs voiſins, placés ſur une terre plus difficile à défricher, dans un climat plus chaud, auroient moins de force & d'ardeur pour entreprendre une culture qui exigeoit plus d'encouragemens?

Les demandes des peuples & les refus des gouvernemens peuvent être également insensés. Les peuples ne sont conseillés que par leurs besoins; les souverains ne consultent que leur intérêt personnel. Les premiers assez communément indifférens, principalement dans les contrées éloignées, sur la puissance à laquelle ils appartiennent & sur celle qu'ils recevront d'une invasion, négligent leur sûreté politique, pour ne s'occuper que de leur bien-être. Ceux-ci tout au contraire ne balanceront jamais entre la félicité des peuples & la solidité de leur possession, & préféreront toujours une autorité ferme & constante sur des misérables, à une autorité incertaine & précaire sur des hommes heureux. D'après une méfiance, que de longues vexations n'ont que trop bien autorisée, ils regarderont les peuples comme des esclaves toujours prêts à leur échapper par la révolte ou par la fuite; & il ne viendra dans la pensée d'aucun d'eux que ce sentiment habituel de haîne, qu'ils nous ſuppoſent parce qu'ils l'ont mérité, & qui n'eſt que trop réel, s'éteindroit par l'expérience de quelques années d'une adminiſtration douce & paternelle : car rien ne s'aliène plus difficilement que l'amour des peuples. Il eſt fondé ſur les avantages rarement ſentis, mais toujours avoués, d'une autorité ſuprême, quelle qu'elle ſoit, qui dirige, qui veille, qui protege & qui défende. Par la même raiſon rien ne ſe recouvre plus facilement quand il eſt aliéné. Le trompeur eſpoir d'un meilleur avenir ſuffit ſeul, pour calmer notre imagination & prolonger ſans fin nos miſeres. Ce que j'avance, le ſpectacle preſque général du monde le confirme. A la mort d'un tyran toutes les nations ſe promettent un roi. Les tyrans continuent d'opprimer & de mourir paiſiblement, & les peuples de gémir, d'attendre en patience un roi qui ne vient point. Le ſucceſſeur, élevé comme ſon pere ou ſon aïeul, eſt préparé dès ſon enfance à ſe modeler ſur lui, à moins qu'il n'ait reçu de la nature une force de génie, un courage d'ame, une rectitude de jugement, un fonds de bienfaiſance & d'équité, qui étouffent le vice de ſon éducation. Sans cét heureux caractere, il ne demandera dans aucune circonſtance ce qu'il eſt juſte de faire, mais ce qu'on faiſoit avant lui; non ce qui conviendroit au bien de ſes ſujets, qu'il regardera comme ſes plus proches ennemis ſur l'appareil de cent gardes qui l'entourent, mais ce qui peut accroître ſon deſpotiſme & leur ſervitude. Il ignorera toute ſa vie la plus ſimple & la plus évidente des vérités; c'eſt que leur force & la ſienne ne peuvent ſe ſéparer. L'exemple du paſſé ſera ſon unique regle, & dans les occaſions où il eſt ſage de le ſuivre, & dans les occaſions où il ſeroit ſage de s'en affranchir. Il en eſt en politique comme en religion. L'opinion la plus abſurde en religion ſera toujours l'orthodoxe, parce qu'elle ſera plus une avec le reſte du ſyſtême. En politique, le parti que le miniſtere prendra ſera toujours le plus analogue à l'eſprit tyrannique, le ſeul qu'on ait décoré du nom de grand art de gouverner. Lors donc que les Georgiens demanderent des eſclaves, pour ſavoir s'ils leur feroient accordés ou refufés, il n'étoit queftion que d'examiner fi la meilleure culture de leur terre, ou la propriété la plus affurée de la colonie l'exigeoit.

Cependant la fituation vraiment défefpérée du nouvel établiffement publioit avec trop d'énergie les imprudences du miniftere, pour qu'on pût perfévérer dans de fi fatales combinaifons. La province reçut enfin le gouvernement qui faifoit profpérer les autres colonies. Ceffant d'être un fief de quelques particuliers, elle devint une poffeffion vraiment nationale.

XXVIII. Situation & efpérances de la Georgie.

Depuis cette heureufe révolution, la Georgie a fait d'affez grands progrès, fans être auffi rapides qu'on les efpéroit. A la vérité on n'y a pas cultivé le vigne, l'olivier, la foie, comme la métropole l'auroit defiré: mais les marais ont fourni une affez grande quantité de riz, & fur fon fol plus élevé a été récolté un indigo fupérieur à celui de la Caroline. Avant le premier janvier 1768, fix cents trente-fept mille cent ſoixante-dix acres de terre y avoient été concédés. Ceux qui ne valoient que 3 liv. 7 ſous 6 den. en 1763 étoient vendus 67 liv. 10 ſous en 1776. En 1769 les exportations de la colonie s'éleverent à 1, 625, 418 livres 9 ſous 5 deniers; elles ont beaucoup augmenté depuis.

Cette proſpérité augmentera ſans doute. A meſure que les forêts ſeront abattues, l'air deviendra plus ſalubre, & les denrées s'accroîtront avec la population, qui ne paſſe pas maintenant trente mille hommes, la plupart eſclaves. Cependant comme en Georgie, les terres ſont moins étendues que dans la plupart des autres provinces, & que dans les proportions il y en a moins de ſuſceptibles de culture, les richeſſes auront toujours des bornes aſſez circonſcrites. Voyons ſi la Floride doit s'attendre à une deſtinée plus brillante.

XXIX. La Floride devient une poſſeſſion Eſpagnole.

Sous ce nom l'ambition Eſpagnole comprenoit anciennement toutes les terres de l'Amérique, qui s'étendoient depuis le golfe du Mexique juſqu'aux régions les plus ſeptentrionales. Mais la fortune qui ſe joue de l'orgueil national, a reſſerré depuis long-tems cette dénomination illimitée, dans la péninſule que la mer a formée entre la Georgie & la Louyſiane.

Ce fut Luc Velaſquès, dont la mémoire ſoit à jamais dévouée à l'exécration dans ce monde, & pour le châtiment duquel je ſerois tenté de regretter des feux éternels dans l'autre : ce fut ce monſtre, à qui je répugne de donner le nom d'homme, qui débarqua le premier ſur cette plage, avec le projet d'en tirer des eſclaves, par la ruſe ou par la violence. La nouveauté du ſpectacle attira les ſauvages voiſins. On les invita à monter ſur les vaiſſeaux; on les enivra, on les mit aux fers; on leva l'ancre; & l'on tira le canon ſur tout ce qui reſtoit d'Indiens au rivage. Pluſieurs de ces malheureux ſi cruellement arrachés à leur patrie, refuſerent la nourriture qui leur étoit offerte & périrent d'inanition. D'autres moururent de chagrin. Ceux qui ſurvécurent à leur déſeſpoir, furent enterrés dans les mines du Mexique.

Ces gouffres insatiables appelloient de nouvelles victimes. Le perfide Velasquès alla les chercher encore dans la même contrée. On l'y reconnut. La moitié de ses infâmes compagnons fut massacrée à leur arrivée. Ceux qui fuyoient la fureur d'un ennemi justement implacable, devinrent la proie des tempêtes. Lui-même, n'échappa aux flots en courroux que pour couler des jours détestés dans l'opprobre, dans les remords & dans la misere. Justice en fut faite sur la terre; que justice en soit faite aux enfers.

On avoit oublié en Espagne cette partie du Nouveau-Monde, lorsqu'un établissement qu'y formerent les François en rappella le souvenir. La cour de Madrid jugea qu'il lui convenoit d'éloigner de ses riches possessions une nation si active; & elle ordonna la destruction de la colonie naissante. Ce commandement fut exécuté en 1565, & le vainqueur occupa la place que ses cruautés venoient de rendre absolument déserte. Il étoit menacé d'une mort lente & douloureuse, lorsque le sassafras vint à son secours.

Cet arbre toujours verd, particulier à l'Amérique, & meilleur à la Floride que dans le reste de cet hémisphère, croît également sur les bords de la mer & sur les montagnes, mais toujours dans un terrein qui n'est ni trop sec, ni trop humide. Ses racines sont à fleur de terre. Son tronc fort droit, nu, peu élevé, se couvre d'une écorce épaisse, fongueuse, de couleur cendrée, & pousse au sommet quelques branches qui s'étendent sur les cotés. Les feuilles sont disposées alternativement, vertes au-dessus, blanchâtres en-dessous, & distinguées en trois lobes : quelquefois il s'en trouve d'entieres, sur-tout dans les jeunes individus. Des bouquets de petites fleurs jaunes terminent les rameaux. Elles offrent les mêmes caracteres que celles du laurier ou du canelier. Les fruits qui succedent, sont de petites baies bleues, pendantes, attachées à un pédicule rouge & à un calice de même couleur.

Sa fleur se prend en infusion, comme le bouillon blanc & le thé. La décoction de sa racine est employée avec succès dans les fievres intermittentes.

L'écorce du tronc a un goût âcre, aromatique, une odeur qui approche de celle de fenouil & de l'anis. Le bois est blanchâtre & moins odorant. La médecine emploie l'un & l'autre pour exciter la transpiration, résoudre les humeurs épaisses & visqueuses, lever les obstructions, guérir la goutte, la paralysie. Le sassafras étoit autrefois d'un grand usage dans les maladies vénériennes.

Les premiers Espagnols auroient peut-être péri de cette derniere infirmité, ils auroient succombé du moins aux fievres dangereuses, dont ils furent presque tous attaqués à leur arrivée dans la Floride, soit que ce fût un effet de la nourriture du pays, ou de la mauvaise qualité des eaux. Mais les sauvages leur apprirent qu'en buvant à jeun & dans leur repas de l'eau où l'on auroit fait bouillir de la racine de sassafras, ils pouvoient être assurés d'une prompte guérison. L'expérience fut tentée & réussit.

Pourquoi donc ce médicament & tant d'autres qui produisent des cures merveilleuses dans ces contrées éloignées, ſemblent-ils avoir perdu preſque toute leur efficacité, tranſportés dans les nôtres? La cauſe en eſt vraiſemblablement dans le climat plus favorable à la tranſpiration; dans la nature de la plante qui dégénere & perd de ſa force dans une longue traverſée; ſur tout dans le caractere du mal qui ſe combine avec notre intempérance, & dont l'opiniâtreté s'accroît par les vices ſans nombre de nos conſtitutions.

Les Eſpagnols établirent de petits poſtes à San-Matheo, à Saint-Marc & à Saint-Joſeph : mais ce ne fut qu'à Saint-Auguſtin & à Penſacola qu'ils formerent proprement des établiſſemens, l'un à leur arrivée dans le pays, & l'autre en 1696.

Le dernier fut attaqué & pris par les François, durant les courtes diviſions qui en 1718 brouillerent les deux branches de la maiſon de Bourbon. On ne tarda pas à le reſtituer.

En 1740 les Anglois aſſiégerent vainement le premier. Les montagnards Ecoſſois, chargés de couvrir la retraite, furent battus & maſſacrés. Un de leurs ſergens fut ſeul épargné par les ſauvages

Indiens, qui combattant avec les Espagnols, le réserverent pour les supplices qu'ils destinent à leurs prisonniers. Cet homme à la vue de la torture cruelle qu'on lui préparoit, harangua, dit-on, la troupe sanguinaire en ces termes:

" Héros & patriarches du monde occidental, vous n'étiez pas les ennemis
» que je cherchois, mais enfin vous
» avez vaincu. Le sort de la guerre m'a
» mis dans vos mains. Usez à votre
» gré du droit de la victoire. Je ne vous
» le dispute pas. Mais puisque c'est un
» usage de mon pays d'offrir une ran-
» çon pour sa vie, écoutez une pro-
» position qui n'est pas à rejetter.

» Sachez donc, braves Américains,
» que dans le pays où je suis né, cer-
» tains hommes ont des connoissances
» surnaturelles. Un de ces sages, qui
» m'étoit allié par le sang, me donna,
» quand je me fis soldat, un charme
» qui devoit me rendre invulnérable.
» Vous avez vu comme j'ai échappé à
» tous vos traits : sans cet enchante-
» ment, aurois-je pu survivre à tous les
» coups mortels dont vous m'avez
» assailli? Car j'en appelle à votre va-

„ leur, la mienne n'a ni cherché le re-
„ pos, ni fui le danger. C'eſt moins la
„ vie que je vous demande aujour-
„ d'hui, que la gloire de vous révéler
„ un ſecret important à votre conſer-
„ vation, & de rendre invincible la
„ plus vaillante nation du monde. Laiſ-
„ ſez-moi ſeulement une main libre,
„ pour les cérémonies de l'enchante-
„ ment dont je veux faire l'épreuve ſur
„ moi-même en votre préſence „.

Les Indiens ſaiſirent avec avidité ce diſcours, qui flattoit en même-tems & leur caractère belliqueux, & leur penchant pour les merveilles. Après une courte délibération, ils délierent un bras au priſonnier. L'Ecoſſois pria qu'on remît ſon ſabre au plus adroit, au plus vigoureux de l'aſſemblée, & dépouillant ſon cou, après l'avoir frotté en balbutiant quelques paroles avec des ſignes magiques, il cria d'une voix haute & d'un air gai : " Voyez, maintenant,
„ ſages Indiens, une preuve inconte-
„ ſtable de ma bonne-foi. Vous, guer-
„ rier, qui tenez mon arme tranchan-
„ te, frappez de toute votre force :
„ loin de ſéparer ma tête de mon corps,

„ vous n'entamerez pas ſeulement la
„ peau de mon cou „.

A peine eut-il prononcé ces mots, que l'Indien déchargeant le coup le plus terrible, fit ſauter à vingt pas la tête du ſergent. Les ſauvages étonnés reſterent immobiles, regardant le corps ſanglant de l'étranger, puis tournant leurs regards ſur eux-mêmes, comme pour ſe reprocher les uns aux autres leur ſtupide crédulité. Cependant admirant la ruſe qu'avoit employée le priſonnier pour ſe dérober aux tourmens en abrégeant ſa mort, ils accorderent à ſon cadavre les honneurs funebres de leur pays. Si ce fait n'a pas toute la vérité que ſemble lui aſſurer ſa date, trop récente pour donner du poids à une fiction, ce ne ſera qu'un menſonge de plus dans les relations des voyageurs.

XL. La Floride eſt cédée par la cour de Madrid à la Grande-Bretagne.

Le traité de paix de 1763 fit paſſer au pouvoir des Anglois la Floride, qui vingt-trois ans auparavant, avoit réſiſté à la force de leurs armes. Il n'y avoit alors que ſix cents habitans. C'eſt par la vente de leurs cuirs, c'eſt avec les denrées qu'ils fournissoient à leur garnison, qu'ils devoient pourvoir à leur vétement & à un petit nombre d'autres besoins excessivement bornés. Ces misérables passerent tous à Cuba, quoique convaincus qu'ils y seroient réduits au pain de l'aumône, si un monarque touché de tant d'attachement ne fournissoit à leur subsistance.

Quel fut le motif qui put déterminer ces Espagnols à préférer un gouvernement oppresseur à un gouvernement libre ? Seroit-ce la superstition qui ne peut souffrir les autels de l'hérétique à coté des siens ? Seroit-ce le préjugé qui rend suspectes les mœurs & la probité de celui qui professe une autre religion que la nôtre ? Seroit-ce la crainte de la séduction pour eux-mêmes & plus encore pour leurs enfans ? Accoutumés à une longue oisiveté, s'imaginerent-ils qu'on les forceroit à travailler ? Ou l'homme a-t-il si mauvaise opinion de l'homme, qu'il aime mieux disposer lui-même de son sort que de l'abandonner à la merci de son semblable ? Quoi qu'il en soit, il ne resta à l'acquéreur qu'un désert : mais n'étoit-ce pas un gain que de voir s'éloigner des habitans rebelles à la fatigue, & qui n'auroient jamais été bien affectionnés?

La Grande-Bretagne se félicita d'avoir acquis la propriété d'une province immense, dont les limites étoient encore reculées jusqu'au Mississipi, par la cession d'une partie de la Louysiane. Depuis long-tems cette puissance brûloit de s'établir sur un territoire, qui devoit lui ouvrir une communication facile avec les plus riches colonies de l'Espagne. L'espoir d'un grand commerce interlope ne la quitta pas : mais elle sentit que cette utilité précaire & momentanée ne suffisoit pas pour rendre ses conquêtes florissantes. C'est vers la culture que ses soins & ses espérances se tournerent principalement.

XLI. Ce que l'Angleterre a fait, ce qu'elle peut espérer de faire dans la Floride.

La nouvelle acquisition fut partagée en deux gouvernemens. On pensa que c'étoit un moyen puissant pour pousser avec plus d'ardeur, pour mieux diriger les défrichemens. Le ministere put être aussi décidé à cette division par l'espoir de trouver, dans tous les tems, plus de ſoumiſſion dans deux provinces que dans une ſeule.

Saint-Auguſtin devint le chef-lieu de la Floride Orientale, & Penſacola de la Floride Occidentale. Ces capitales, qui étoient en même-tems d'aſſez bons ports, ne réuniſſoient pas ſans doute toutes les commodités dont elles étoient ſuſceptibles : mais c'étoit toujours un grand bonheur d'avoir trouvé ce qu'elles en poſſédoient. Les autres colonies ne jouirent pas à leur origine de cet avantage.

Ces contrées eurent pour premiers colons des officiers réformés & des ſoldats congédiés. Tous ceux d'entre eux qui avoient ſervi en Amérique, & qui y étoient établis, obtinrent gratuitement un terrein proportionné à leur grade. Cette faveur ne s'étendit pas à tous les gens de guerre qui avoient combattu dans le Nouveau-Monde. On auroit craint que les militaires des trois royaumes, qui étoient dans la même ſituation, n'euſſent été tentés de quitter la mère-patrie, déja trop épuiſée par les dernières hoſtilités.

La nouvelle colonie reçut auſſi des

cultivateurs des établissemens voisins. Elle en reçut de la métropole & de divers états protestans. Il lui en arriva même qui furent un sujet d'étonnement pour les deux hémisphères.

Les Grecs gémissent sous la tyrannie Ottomane. Ils doivent être disposés à secouer ce joug détesté. Ainsi le pensoit le docteur Turnbull, lorsqu'en 1767, il alla offrir à ceux du Péloponnese un asyle dans l'Amérique Angloise. Beaucoup se rendirent à ses sollicitations, & pour une centaine de louis, il obtint du gouvernement local la liberté de les embarquer à Modon. Il aborda en Corse, il aborda à Minorque, & il persuada encore à quelques habitans de ces deux isles de le suivre.

Les émigrans, au nombre de mille, arriverent avec leur sage guide à la Floride Orientale, où il leur fut accordé soixante mille acres de terre. C'eût été une très-vaste possession, quand même le climat n'en eût dévoré aucun. Malheureusement, ils avoient été si opiniâtrément contrariés par les vents, qu'ils ne purent débarquer que durant l'été, saison dangereuse qui en fit périr le quart. Ce furent principalement les vieillards qui ſuccomberent. Ils étoient nombreux, parce que le judicieux Turnbull n'avoit voulu amener avec lui que des familles toutes entieres.

Ce qui échappa de ce premier déſaſtre a joui depuis d'une ſanté qui n'a été altérée que par quelques fievres. La conſtitution des hommes s'eſt fortifiée. Les femmes qui à raiſon du changement de climat, n'accouchoient d'abord que rarement, ſont actuellement très-fécondes. On préſume que les enfans auront une taille plus élevée qu'ils ne l'auroient eue dans le lieu de leur origine.

La petite peuplade a reçu de ſon fondateur des inſtitutions qu'elle-même a approuvées, & qui s'obſervent. Ce n'eſt encore qu'une famille où l'eſprit de concorde doit durer long-tems. Au premier janvier 1776, elle avoit déja défriché deux mille trois cents acres d'un ſol aſſez fertile. Elle avoit aſſez d'animaux pour ſa nourriture & pour ſes travaux. Ses récoltes ſuffiſoient à ſa conſommation, & elle vendoit pour 67,500 l. d'indigo. L'induſtrie & l'activité qui la diſtinguent font beaucoup eſpérer du tems & de l'expérience.

Pourquoi Athenes & Lacédémone ne renaîtroient-elles pas un jour dans l'Amérique Septentrionale ? Pourquoi la ville de Turnbull ne feroit-elle pas dans quelques ſiecles le ſéjour de la politeſſe, des beaux-arts & de l'éloquence ? La nouvelle colonie eſt moins éloignée de cet état floriſſant que les barbares Pelaſges ne l'étoient des concitoyens de Periclès. Quelle différence entre un établiſſement conçu & fondé par un homme ſage & pacifique, & les conquêtes d'une longue ſuite d'hommes avares, inſenſés & ſanguinaires; entre l'état actuel de l'Amérique Méridionale, & ce qu'elle ſeroit devenue, ſi ceux qui la découvrirent, qui s'en emparerent & qui la dévaſterent, euſſent été animés de l'eſprit du bon Turnbull ! Son exemple n'apprendra-t-il pas aux nations que la fondation d'une colonie demande plus de ſageſſe que de dépenſes ? L'univers s'eſt peuplé avec un homme & une femme.

Les Florides qui en 1769 n'exporterent que pour 673,209 livres 18 ſols

9 d. de denrées, ont un avantage marqué ſur le reſte de ce grand continent. Situées, en grande partie, entre deux mers, elles n'ont rien à craindre de ces vents glacés, de ces variations imprévues dans la température de l'air, qui en toute ſaiſon cauſent à leur voiſinage des dégâts ſi fréquens & ſi funeſtes. Auſſi eſt-il permis d'eſpérer que la vigne, que l'olivier, que le coton, que d'autres plantes délicates y proſpéreront plutôt & mieux que dans les provinces limitrophes. En 1774, la ſociété formée à Londres pour l'encouragement des arts, des manufactures & du commerce, donna à Mr. Strachey une médaille d'or, pour avoir récolté d'auſſi bel indigo que celui de Guatimala. Si dans un premier mouvement d'enthouſiaſme on ne s'eſt que médiocrement exagéré les qualités de cette production, elle deviendra une ſource de richeſſes pour la colonie.

Cependant le terrein beaucoup trop ſablonneux de la Floride Orientale en écartoit opiniâtrément tout ce qui étoit avide de fortune. Il n'y avoit guère qu'un événement extraordinaire qui pût la peupler. Les troubles qui ont agité, qui agitent encore l'Amérique Septentrionale, ont poussé sur ce sol, communément ingrat, quelques citoyens paisibles qui avoient un éloignement décidé pour les dissensions, & un plus grand nombre d'hommes qui par ambition, par habitude, ou par préjugé, étoient dévoués aux intérêts de la métropole.

Les mêmes motifs ont donné des colons à l'autre Floride, beaucoup plus féconde, principalement sur les bords rians du Mississipi. Cette province a eu l'avantage de fournir à la Jamaïque, & à plusieurs isles Britanniques des Indes Occidentales, des bois & des objets variés, qu'antérieurement elles recevoient des diverses contrées de la Nouvelle-Angleterre. Ce mouvement auroit été plus rapide si les côtes de Pensacola eussent été plus accessibles, & si son port eût été moins infesté de vers.

Combien seroient accélérés les progrès des deux provinces, si leurs nouveaux maîtres, s'écartant des maximes trop constamment suivies, daignoient s'unir par les nœuds du mariage à des familles Indiennes ! Pourquoi ce moyen de civiliser les nations barbares, qui a été si heureusement employé par les politiques les plus éclairés, ne seroit-il pas adopté par un peuple libre, qui doit admettre plus d'égalité que les autres peuples ? Les Anglois voudront-ils donc être toujours réduits à la cruelle alternative de voir leurs moissons brûlées & leurs cultivateurs massacrés, ou de poursuivre sans relâche, d'exterminer sans pitié des hordes errantes ? Ne devroient-ils pas préférer à des hostilités meurtrieres & sans gloire, un moyen humain & infaillible de désarmer un ennemi humilié & implacable ?

Les conquérans se flattent que sans le secours de ces alliances ils doivent bientôt se voir délivrés des foibles inquiétudes qui leur restent. C'est, disent-ils, le destin des peuples sauvages, de s'éteindre à mesure que des nations policées viennent s'établir au milieu d'eux. Ne pouvant se résoudre à cultiver la terre, & les subsistances que leur fournissoit la chasse diminuant tous les jours, ils se voient réduits à s'éloigner de toutes les contrées que l'industrie &

l'activité

l'activité veulent défricher. C'est en effet le parti que prennent tous les jours les Américains qui erroient au voisinage des établissemens Européens. Ils reculent, ils s'enfoncent de plus en plus dans les bois, ils se replient vers les Assinipoils, vers la baie d'Hudson, où se nuisant nécessairement les uns aux autres, ils ne doivent pas tarder à mourir de faim.

Mais des événemens cruels ne peuvent-ils pas précéder cette destruction totale ? On n'a pas oublié le généreux Pontheack. Ce guerrier terrible étoit brouillé avec les Anglois en 1762. Le major Roberts chargé de le regagner lui envoya de l'eau-de-vie. Quelques Iroquois qui entouroient leur chef frémirent à la vue de cette liqueur. Ne doutant pas qu'elle ne fût empoisonnée, ils vouloient absolument qu'on rejettât un présent si suspect. *Comment se pourroit-il*, leur dit leur général, *qu'un homme qui est sûr de mon estime, & auquel j'ai rendu des services signalés, pût songer à m'ôter le jour ?* & il avala la boisson d'un air aussi assuré que l'avoit pu faire le héros le plus vanté de l'antiquité.

Cent traits d'une élévation pareille avoient fixé ſur Pontheack les yeux des nations ſauvages. Il vouloit les réunir toutes ſous les mêmes drapeaux, pour faire reſpecter leur territoire & leur indépendance. Des circonſtances malheureuſes firent avorter ce grand projet: mais il peut être repris, & il n'eſt pas impoſſible qu'il réuſſiſſe. Alors les uſurpateurs réduits à couvrir leurs frontieres contre un ennemi qui n'a à ſoutenir aucune des dépenſes de la guerre, qui n'a à craindre aucun des fléaux qu'elle entraîne chez tous les peuples policés; verroient retarder ou s'anéantir les avantages acquis au prix de tant de tréſors, au prix de tant de ſang. Si les Anglois dédaignent un conſeil que la juſtice & l'humanité leur adreſſent par ma bouche, puiſſe un autre Pontheack ſortir de ſes cendres & conſommer ſon plan!

XLII. Etendue des poſſeſſions Angloiſes dans l'Amérique Septentrionale.

Les deux Florides, une partie de la Louyſiane, & tout le Canada, conquis ou acquis à la même époque & par le même traité, acheverent de mettre sous la domination de la Grande-Bretagne, l'espace qui s'étend depuis le fleuve Saint-Laurent jusqu'au fleuve Mississipi. Ainsi quand cette puissance n'auroit pas eu encore la baie d'Hudson, Terre-Neuve, & les autres isles de l'Amérique Septentrionale, elle n'auroit pas laissé de posséder une des dominations les plus étendues qui eussent été formées sur la surface du globe.

Ce vaste empire est coupé du Nord au Sud par une chaîne de hautes montagnes, qui s'éloignant alternativement & se rapprochant des côtes, laissent entre elles & l'Océan un territoire de cent cinquante, de deux cents, quelquefois de trois cents milles. Au-delà de ces monts Apalaches est un désert immense, dont quelques voyageurs ont parcouru jusqu'à huit cents lieues sans en trouver la fin. On imagine que des fleuves qui coulent à l'extrémité de ces lieux sauvages, vont se perdre dans la mer du Sud. Si cette conjecture, qui n'est pas sans probabilité, venoit à se réaliser, l'Angleterre embrasseroit dans ses colonies toutes les branches de la communication & du commerce du Nouveau-Monde. En passant d'une mer de l'Amérique à l'autre par ses propres terres, elle toucheroit pour ainsi dire à la fois aux quatre parties du globe. De tous les ports de l'Europe, de ses comptoirs de l'Afrique, elle charge, elle expédie des vaisseaux pour le Nouveau-Monde. Des possessions qu'elle a dans les mers orientales, elle pourroit se transporter aux Indes Occidentales par la mer Pacifique. C'est elle qui découvriroit les langues de terre ou les bras de mer, l'isthme ou le détroit, qui lient l'Asie à l'Amérique par l'extrémité du Septentrion. Elle auroit alors toutes les portes du commerce dans ses mains par de vastes colonies; elle en auroit toutes les clefs par ses nombreuses flottes. Elle aspireroit peut-être à prédominer sur les deux mondes, par l'empire de toutes les mers. Mais tant de grandeur n'entre pas dans la destinée d'un peuple. Interrogez les Romains. Est-il donc si flatteur d'exercer une immense domination, puisqu'il faut tout perdre quand on a tout conquis ? Interrogez les Efpagnols. Eft-on donc fi puiffant d'embraffer dans fes états une étendue de terres que le foleil ne ceffe d'éclairer, s'il faut languir obfcurément dans un monde quand on regne dans un autre ?

Les Anglois feront heureux s'ils peuvent conferver par la culture & par la navigation, un empire toujours trop grand dès qu'il leur coûte du fang. Mais puifque l'ambition ne s'étend qu'à ce prix, c'eft au commerce de féconder les conquêtes d'une puiffance maritime. Rarement la guerre valut-elle au vainqueur des champs plus dociles à l'induftrie humaine, que ceux du continent feptentrional de l'Amérique. Quoiqu'il foit en général fi bas proche de la mer que le plus fouvent on a peine à diftinguer la terre du haut du grand mât, même après avoir mouillé à quatorze braffes, cependant la côte eft très-abordable, parce que ce bas-fonds ou cette profondeur diminue infenfiblement à mefure qu'on avance. Ainfi l'on peut avec le fecours de la fonde connoître exactement à quelle diftance on eſt du continent. Le navigateur en eſt même averti par les arbres, qui paroiſſant ſortir de l'Océan forment un ſpectacle enchanteur à ſes yeux, ſur des plages où s'offrent de toutes parts des rades & des ports ſans nombre, pour recevoir & protéger des vaiſſeaux.

Les productions viennent en abondance ſur un ſol nouvellement défriché, mais arrivent lentement à la ſaiſon de leur maturité. On y voit même beaucoup de plantes fleurir ſi tard, que l'hiver en prévient la récolte; tandis que, ſous une latitude plus ſeptentrionale, on en recueille ſur notre continent & le fruit & la graine. Quelle eſt la raiſon de ce phénomène? Avant l'arrivée des Européens, l'Américain du Nord, vivant du produit de ſa chaſſe & de ſa pêche, ne cultivoit point la terre. Tout ſon pays étoit hériſſé de forêts & de ronces. A l'ombre de ces bois croiſſoit une multitude de plantes. Les feuilles dont chaque hiver dépouilloit les arbres, formoient une couche de l'épaiſſeur de trois ou quatre pouces. L'été venoit avant que les eaux euſſent entiérement pourri cette eſpece d'engrais; & la nature abandonnée à elle-même entassoit sans cesse les uns sur les autres les fruits de sa fécondité. Les plantes ensévelies sous des feuillages humides, qu'elles ne perçoient qu'à peine avec beaucoup de tems, se sont accoutumées à une végétation tardive. La culture n'a pu vaincre encore une habitude enracinée par des siecles, ni l'art corriger le pli de la nature. Mais ce climat, si longtems ignoré ou négligé par les hommes, offre aussi des dédommagemens qui réparent les vices & les effets de cet abandon.

XLIII. Arbres particuliers à l'Amérique Septentrionale.

Il a presque tous les arbres qui sont naturels au nôtre. Il en a de propres à lui seul, entre autres l'érable & le cirier.

Celui-ci, ainsi nommé à cause de son produit, est un arbrisseau rameux, tortu, assez irrégulier, qui se plaît dans un sol humide. Aussi ne s'éloigne-t-il guere de la mer ou des grands fleuves. Ses feuilles, disposées alternativement, sont étroites, entieres ou dentelées, toujours couvertes de petits points dorés presqu'imperceptibles. Il porte des fleurs mâles & des fleurs femelles ſur deux individus différens. Les premieres forment des chatons, dont chaque écaille porte ſix étamines. Les ſecondes, diſpoſées de même ſur les jeunes rameaux, ont au lieu d'étamines un ovaire ſurmonté de deux ſtyles, qui devient une coque très-petite, dure, ſphérique, recouverte d'une ſubſtance grenue, blanche & onctueuſe. Ces fruits, dont l'aſſemblage a l'apparence d'une grappe, ſont raſſemblés à la fin de l'automne & jettés dans l'eau bouillante. La ſubſtance dont ils ſont enduits ſe détache, ſurnage, & s'enleve avec une écumoire. Lorſqu'elle eſt figée, elle eſt communément d'un verd ſale. On la fait fondre une ſeconde fois pour la purifier. Elle devient alors tranſparente & d'un verd agréable.

Cette matiere, mitoyenne entre le ſuif & la cire pour la conſiſtance & la qualité, tenoit lieu de l'une & de l'autre aux premiers Européens qui aborderent dans ces contrées. Le prix en a fait diminuer l'uſage, depuis que les animaux ſe ſont multipliés. Cependant, comme elle brûle plus lentement que le ſuif, qu'elle eſt moins ſujette à ſe fondre, & qu'elle n'en a pas l'odeur déſagréable, elle obtient toujours la préférence par-tout où l'on peut s'en procurer ſans la payer trop cher. Mêlée avec un quart de ſuif, elle brûle beaucoup mieux. Cette propriété n'eſt pas la ſeule. On en compoſe d'excellent ſavon & de bons emplâtres pour les bleſſures. On s'en ſert même pour cacheter. L'érable ne mérite pas moins d'attention que le cirier, puiſqu'on l'appelle l'arbre à ſucre.

Elevé par la nature près des ruiſſeaux & dans des lieux humides, cet arbre croît juſqu'à la hauteur du chêne. Son tronc droit & cylindrique, eſt revêtu d'une écorce aſſez fine. Ses rameaux, toujours oppoſés, ſe couvrent de feuilles qui ont la même diſpoſition, & ſont blanchâtres en-deſſous, découpées en cinq lobes aigus. Ses fleurs, raſſemblées en bouquets, ont un calice à cinq diviſions chargé d'autant de pétales & de huit étamines qui avortent quelquefois. Leur centre eſt occupé par le piſtil, qui devient un fruit compoſé de deux capſules comprimées & réunies par le bas, écartées & ailées par le haut, remplies d'une ſeule graine.

On fait dans le mois de mars, au bas du tronc de l'érable, une incision de la profondeur de deux ou trois pouces. Un tuyau qu'on inſere dans la plaie reçoit le ſuc qui coule, & le conduit dans un vaſe placé pour le recueillir. La liqueur des jeunes arbres eſt ſi abondante, qu'en une demi-heure elle remplit une bouteille de deux livres. Les vieux en donnent moins, mais de beaucoup meilleure. L'arbre ne veut qu'une incision ou deux, au plus: une plus grande perte l'épuiſe & l'énerve. S'il s'évacue par trois ou quatre tuyaux, il dépérit fort vite.

Sa liqueur eſt un ſuc naturellement mielleux. Pour l'amener à l'état du ſucre, on la fait évaporer par l'action du feu, juſqu'à ce qu'elle ait acquis la conſiſtance d'un ſirop épais. On la verſe enſuite dans des moules de terre, ou d'écorce de bouleau. Le ſirop ſe durcit en ſe refroidiſſant, & ſe change en un ſucre roux, preſque tranſparent & aſſez agréable. Pour lui communiquer de la blancheur, on y mêle quelquefois en le fabriquant un peu de farine de froment: mais cette préparation altère toujours ſon goût. Ce ſucre ſert au même uſage que celui des cannes: mais pour en avoir une livre, il ne faut pas moins de dix-huit ou vingt livres de liqueur. Ainſi le commerce n'en tirera jamais un grand profit. Le miel eſt le ſucre des ſauvages de nos landes; l'érable eſt le ſucre des ſauvages de l'Amérique. La nature a par-tout ſes douceurs; elle a partout ſes merveilles.

XLIV. Oiſeaux particuliers à l'Amérique Septentrionale.

Parmi la multitude d'oiſeaux qui peuplent les forêts de l'Amérique Septentrionale, il en eſt un extrêmement ſingulier; c'eſt l'oiſeau mouche, qui tire ſon nom de ſa petiteſſe. Son bec eſt long, pointu comme une aiguille; ſes pattes n'ont que la groſſeur d'une épingle ordinaire. On voit ſur ſa tête une huppe noire, d'une beauté incomparable. Sa poitrine eſt couleur de roſe, & ſon ventre eſt blanc comme du lait. Un gris bordé d'argent, & nuancé d'un jaune d'or très-brillant, éclate ſur ſon dos, ſur ſes aîles & ſur ſa queue. Le duvet qui règne ſur tout le plumage de cet oiſeau, lui donne un air ſi délicat, qu'il reſſemble à une fleur veloutée, dont la fraîcheur ſe fane au moindre attouchement.

Le printems eſt l'unique ſaiſon de ce charmant oiſeau. Son nid, perché au milieu d'une branche d'arbre, eſt revêtu en-dehors d'une mouſſe griſe & verdâtre, garni en-dedans d'un duvet très-mou, ramaſſé ſur des fleurs jaunes. Ce nid n'a qu'un demi-pouce de profondeur, ſur un pouce environ de diametre. On n'y trouve jamais que deux œufs, pas plus gros que les plus petits pois. On a ſouvent tenté d'élever les petits de ce léger volatile: mais ils n'ont pû vivre que trois ou quatre ſemaines au plus.

L'oiſeau-mouche ne ſe nourrit que du ſuc des fleurs. Il voltige de l'une à l'autre, comme les abeilles. Quelquefois il ſe plonge dans le calice des plus grandes. Son vol produit un bourdonnement ſemblable à celui d'un rouet à filer. Lorſqu'il eſt las, il ſe repoſe ſur un arbre ou ſur un pieu voiſin; il y reſte quelques minutes, & revole aux fleurs. Malgré ſa foibleſſe, il ne paroît pas méfiant; les hommes peuvent s'approcher de lui jusqu'à huit ou dix pieds.

Croiroit-on qu'un être si petit fût méchant, colere & querelleur? On voit souvent ces oiseaux se faire une guerre acharnée, & se livrer des combats opiniâtres. Leurs coups de bec sont si vifs & si redoublés, que l'œil ne peut les suivre. Leurs aîles s'agitent avec tant de vitesse, qu'ils paroissent immobiles dans les airs. On les entend plus qu'on ne les voit. Ils poussent un cri semblable à celui du moineau.

L'impatience est l'ame de ces petits oiseaux. Quand ils approchent d'une fleur, s'ils la trouvent fanée & sans suc, ils lui arrachent toutes ses feuilles. La précipitation de leurs coups de bec décele, dit-on, le dépit qui les anime. On voit sur la fin de l'été des milliers de fleurs, que la rage des oiseaux-mouches a tout-à-fait dépouillées. Cependant on peut douter que cette marque de ressentiment ne soit pas une sorte de faim, plutôt qu'un instinct destructeur sans besoin.

Tous les êtres ont une espece ennemie. Celle de l'oiseau-mouche est une grosse araignée très-friande de ses œufs, contre laquelle il ne les défend pas sans peine. C'est l'épée que le tyran voit toujours suspendue sur sa tête.

L'Amérique Septentrionale étoit autrefois dévorée d'insectes. Comme on n'avoit ni purifié l'air, ni défriché la terre, ni abattu les bois, ni donné de l'écoulement aux eaux, cette matiere animée avoit envahi sans obstacle toutes les productions de la nature, que nul être ne lui disputoit. Aucune de ces especes n'étoit utile à l'homme. Une seule aujourd'hui sert à ses besoins: c'est l'abeille. Mais on croit qu'elle a été transportée de l'ancien-monde au nouveau. Les sauvages l'appellent mouche Angloise; on ne la trouve qu'au voisinage des côtes. Ces indices annoncent une origine étrangere. On voit les abeilles errer dans les forêts en nombreux essaims sur le nouvel hémisphère. Elles s'y multiplient tous les jours. Leur miel s'emploie à différens usages. Beaucoup de gens en font leur nourriture. La cire devient de jour en jour une branche considérable de commerce,

XLVI. L'Amérique Septentrionale a reçu de l'Europe les animaux domestiques.

L'abeille n'est pas le seul présent que l'Europe ait pu faire à l'Amérique. Elle l'a encore enrichie d'animaux domestiques. Les sauvages n'en avoient point. Des hommes libres n'avoient soumis aucune espece vivante à leur domination : ils ne savoient que les détruire. La domesticité des animaux n'a jamais dû précéder la société des humains. La premiere conquête de l'homme, est celle qu'il a faite sur ses semblables. Jusqu'à cette fatale époque de servitude universelle, chaque individu avoit été trop occupé de son existence, & sa vie entiere avoit été toute employée aux moyens de la conserver. Mais aussitôt qu'une partie des hommes eut subjugué l'autre, & que celle-ci se vit assujettie à travailler pour des maîtres, le loisir fut connu pour la premiere fois sur la terre. Ce loisir fut le pere des arts, qui consolerent peut-être le genre humain de la perte de sa liberté. La domesticité des animaux, comme tous les autres arts utiles, fut sans doute une invention des sociétés.

Peut-être n'eſt-elle pas le moindre ouvrage de l'induſtrie humaine. Peut-être a-t-elle demandé le plus de talent, le plus de tems, le plus de haſards. Car enfin on a bien trouvé dans certaines contrées de l'Amérique, des ſociétés & des empires avancés même juſqu'aux arts du luxe: mais les animaux y étoient encore libres, quoique plus diſpoſés par leur foibleſſe ou leur inſtinct à recevoir le joug de l'homme, que dans nos contrées. On a vu même des pays du Nouveau-Monde, où les animaux avoient fait plus de progrès que l'homme, vers l'état de perfection & de ſociété auquel ils étoient appellés par la nature; c'eſt qu'ils vivoient ſans maître. L'homme ne les avoit pas aſſujettis à ſa voix menaçante, à ſon coup-d'œil terrible, à ſa main toujours prête à frapper. Il étoit eſclave lui-même, & les animaux ne l'étoient point encore. Le roi de la nature connut donc la ſervitude avant de dompter les animaux.

Quoi qu'il en ſoit de l'origine & de la filiation des arts, dont la génération eſt trop compliquée pour qu'il ſoit nisé de découvrir dans quel ordre & comment ils sont nés les uns des autres, l'Amérique n'avoit point encore associé les animaux aux hommes pour les travaux de la culture, lorsque les Européens y transporterent des bœufs, des brebis, des chevaux. Ils y furent d'abord, ainsi que les hommes, exposés à des maladies épidémiques. Si la contagion ne les attaqua pas, comme leur fier souverain, à la racine même de leur génération, du moins plusieurs espèces eurent-elles beaucoup de peine à se reproduire. Toutes, à l'exception du porc, perdirent une grande partie de leur force, de leur grosseur. Ce ne fut que tard & dans quelques lieux seulement, qu'elles recouvrerent leurs qualités originaires. L'air & le sol s'opposoient sans doute au succès de leur transplantation. C'est la loi des climats qui veut que chaque peuple, chaque espèce vivante & végétante, croisse & meure dans son pays natal. L'amour de la patrie semble commandé par la nature à tous les êtres, comme l'amour de leur conservation.

XLVI. Les grains de l'Europe ont été cultivés dans l'Amérique Septentrionale.

Cependant, il y a des analogies de climat qui modifient la loi généralement portée contre la tranſplantation des animaux & des plantes. Lorſque les Anglois abordèrent dans l'Amérique Septentrionale, les habitans vagabonds de ces contrées ſolitaires ne cultivoient qu'à regret un peu de maïs, plante qui a le port du roſeau. Ses feuilles, aſſez larges & fort longues, entourent à leur baſe la tige qui eſt ronde & noueuſe par intervalles. Un panicule de fleurs mâles la termine. Chacun des paquets dont elle eſt compoſée a deux fleurs, recouvertes par deux écailles communes, & chaque fleur a trois étamines, renfermées entre deux écailles propres. A l'aiſſelle des feuilles inférieures ſe trouvent les fleurs femelles, diſpoſées en épi très-ſerré ſur un axe épais & charnu, caché ſous pluſieurs enveloppes. Le piſtil de ces fleurs, entouré de quelques petites écailles & ſurmonté d'un long ſtyle, devient une graine farineuſe, preſque ſphérique, enfoncée à moitié dans l'axe commun. Sa maturité eſt annoncée par ſa couleur & par l'écartement des enveloppes qui laiſſent appercevoir l'épi.

Cette eſpèce de bled, que l'Europe ignoroit alors, étoit la ſeule qui fût connue dans le Nouveau-Monde. La culture en étoit facile. Les ſauvages ſe contentoient de lever du gazon, de faire des trous dans la terre avec un bâton & de jetter dans chacun un grain de maïs, qui en produiſoit deux cents cinquante ou trois cents autres. Les préparations pour s'en nourrir n'étoient pas plus compliquées. On le piloit dans un mortier de bois ou de pierre, & réduit en pâte il étoit cuit ſous la cendre. Souvent même grillé ſeulement, il étoit mangé.

Le maïs réunit bien des avantages. Sa feuille eſt très-favorable à la nourriture des beſtiaux, avantage infiniment précieux dans les contrées où les prairies ne ſont pas communes. Un terrein maigre, léger & ſablonneux, eſt celui qui convient le mieux à cette plante. Sa ſemence peut être gelée au printems, même à deux ou trois repriſes, ſans que les récoltes ſoient moins abondantes. Enfin, c'eſt de tous les grains, celui qui peut ſoutenir le plus long-tems la ſéchereſſe & l'humidité.

Ces raiſons, qui ont fait adopter la culture du maïs dans une partie du globe, déterminèrent les Anglois à le conſerver, à le multiplier dans leurs établiſſemens. Ils le vendirent au midi de l'Europe, dans les Indes Occidentales, & s'en ſervirent pour leur propre uſage. Cependant ils ne négligerent pas d'enrichir leurs plantations des grains d'Europe, qui réuſſirent tous, quoique moins parfaitement que dans le lieu de leur origine. Du ſuperflu de ces récoltes, du produit de leurs troupeaux, & de l'exploitation des forêts du pays, ces colons formerent un commerce, qui embraſſoit les contrées les plus riches & les plus peuplées du Nouveau-Monde.

La métropole voyant que ſes colonies ſeptentrionales lui enlevoient l'approviſionnement des établiſſemens qu'elle avoit au midi de l'Amérique, & craignant de les avoir bientôt pour rivales en Europe même dans tous les marchés des ſalaiſons & des leds, résolut de tourner leur activité vers des objets qui lui fussent plus utiles. L'occasion ne tarda pas de se présenter.

XLVII. L'Amérique Septentrionale a fourni à l'Europe des munitions navales.

La Suede étoit en possession de vendre aux Anglois la plus grande partie du brai & du goudron, dont ils avoient besoin pour leurs armemens. En 1703 cette puissance méconnut ses vrais intérêts, au point de plier & de réduire sous un privilege exclusif cette importante branche de son commerce. Une augmentation de prix subite & forte fut le premier effet de ce monopole. L'Angleterre profitant de cette faute des Suédois, encouragea, par des primes considérables l'importation de toutes les munitions navales que l'Amérique pourroit fournir.

Ces gratifications ne produisirent pas d'abord l'avantage qu'on s'en étoit promis. Une guerre sanglante, qui désoloit les quatre parties du monde, détourna tout à la fois la métropole & les colonies, de l'attention que méritoit cette révolution naissante dans le commerce. Les nations du Nord qui toutes avoient le même intérêt, prenant l'inaction occasionnée par le trouble des guerres pour une preuve complete d'impuissance, crurent pouvoir impunément assujettir les munitions de la marine à toutes les clauses & les restrictions qui devoient en hausser le prix. Ce fut un système de convention entre elles, qui devint public en 1718, tems où toutes les puissances maritimes souffroient encore des blessures d'une guerre de quatorze ans.

Une ligue si odieuse reveilla l'Angleterre. Elle fit partir pour le Nouveau-Monde des hommes assez éloquens, pour persuader aux habitans qu'ils avoient le plus grand intérêt à seconder les vues de la mere patrie ; assez éclairés pour diriger les premiers travaux vers de grands résultats, sans les faire passer ces minces essais, qui éteignent subitement une ardeur allumée avec beaucoup de peine. En un clin d'œil, la poix, le goudron, la térébenthine, les vergues, les mâtures, aborderent dans les ports de la Grande-Bretagne avec tant de profusion, qu'on fut en état d'en vendre aux pays voisins.

Le gouvernement fut aveuglé par ce premier essor de prospérité. L'avantage que la modicité du prix donnoit aux munitions navales de ses colonies, sur celles qui venoient de la mer Baltique, sembloit lui promettre une préférence constante. Il crut pouvoir supprimer les encouragemens. Mais il n'avoit pas fait entrer dans ses calculs la différence du fret, qui étoit toute en faveur de ses rivaux. L'interruption totale qui survint dans cette veine de commerce l'avertit de son erreur. Il reprit en 1728 le systême des gratifications. Quoique moins fortes qu'elles ne l'avoient été d'abord, elles suffirent pour assurer au débit des munitions d'Amérique, du moins en Angleterre, la plus grande supériorité sur celles du Nord.

Les bois, qui faisoient pourtant une des principales richesses des colonies, fixerent plus tard la vigilance du gouvernement de la métropole. Depuis long-tems les Américains en portoient en Espagne, en Portugal, dans la Méditerranée, où ces matériaux étoient employés aux édifices & à d'autres usages. Comme ces navigateurs ne prenoient pas en retour assez de marchandises pour compléter leur cargaison, les Hambourgeois & même les Hollandois avoient contracté l'habitude de fréter les vaisseaux de ces étrangers, pour importer chez eux les productions des plus riches climats de l'Europe. Ce double commerce d'exportation & de cabotage avoit considérablement augmenté la navigation Britannique. Le parlement instruit de ce succès, se hâta de décharger en 1722 les bois que le Nouveau-Monde pouvoit fournir au royaume, de tous les droits que payoient à leur entrée les bois de Russie, de Suede & de Danemarck. Cette premiere faveur fut suivie d'une gratification, qui comprenant en général toute sorte de bois, portoit spécialement sur ceux qui étoient destinés à la construction des vaisseaux. Malheureusement les matériaux du Nouveau-Monde se trouverent très-inférieurs à ceux de l'ancien. Cependant ils furent employés de préférence par la marine Angloise.

Elle

Elle devoit au nord de l'Amérique ses vergues & ses mâtures. On voulut qu'elle en reçût encore ses voiles & ses cordages.

Les protestans François, qui chassés de leur patrie par un roi tombé dans le bigotisme, avoient apporté par-tout à ses ennemis l'industrie de leur climat, firent connoître à l'Angleterre le prix du lin & du chanvre, deux objets souverainement importans pour une puissance maritime. L'Irlande & l'Ecosse cultiverent ces plantes avec quelque succès : mais les manufactures nationales tiroient encore principalement l'une & l'autre de la Russie. Pour mettre fin à cette importation ruineuse, le gouvernement imagina d'accorder 135 livres de gratification par tonneau de ces matieres à l'Amérique Septentrionale. C'étoit beaucoup, & cependant un encouragement si considérable n'eut que peu de suite. Dans cette partie du Nouveau-Monde, peu de terres se trouverent assez bonnes pour une production qui ne prospere que sur un sol excellent. Cette région est plus abondante en fer, deſtiné à conquérir l'or & l'argent du Midi.

XLVIII. Le fer de l'Amérique Septentrionale a été porté dans nos climats.

Ce premier métal ſi néceſſaire à l'homme étoit ignoré des Américains, lorſque les Européens leur en apprirent le plus funeſte uſage, celui des armes homicides. Les Anglois eux-mêmes négligerent long-tems les mines de fer, que la nature avoit prodiguées dans le continent où ils s'étoient établis. On avoit détourné de la métropole ce canal de richeſſes, en le chargeant de droits énormes. Cette impoſition équivalente à une prohibition, étoit l'ouvrage des propriétaires des mines nationales, ſoutenus des propriétaires des bois-taillis, qui devoient ſervir à l'exploitation du fer. Par la corruption, l'intrigue & les ſophiſmes, ces ennemis du bien public avoient écarté une concurrence qu'ils ne pouvoient ſoutenir. Enfin le gouvernement fit un premier pas vers le bien. Il permit l'importation franche de droits, des fers de l'Amérique à Londres : mais en défendant de le tranſporter dans d'autres ports, ou même à us de dix milles dans les terres. Ce izarre arrangement dura jusqu'en 757. Alors des milliers de voix se réuirent pour engager le sénat de la naon à faire cesser le vice d'une adminiration si visiblement opposée à tous s bons principes, & à étendre à tout royaume une liberté exclusivement ccordée à la capitale.

Une demande si raisonnable trouva plus vive opposition. Les intérêts articuliers se réunirent pour représenr que les cent neuf forges qui travailient en Angleterre, sans y comprene celles d'Ecosse, produisoient anuellement dix-huit mille tonnes de fer occupoient un grand nombre d'ouiers habiles; que ces mines qui étoient épuisables, auroient considérablement ugmenté leur produit, si l'on n'avoit é arrêté par la crainte continuelle de oir les fers d'Amérique déchargés de oute imposition; que les ouvrages de r travaillés en Angleterre consomoient tous les ans cent quatre-vingtx-huit mille cordes de bois-taillis, que ces taillis fournissoient d'ailleurs es écorces pour les tanneries, des matériaux pour les bâtimens; que le fer d'Amérique étant peu propre à être converti en acier, à faire des instrumens tranchans, à fournir le plus grand nombre des ustensiles de navigation, ne diminueroit guere l'importation étrangere, & se borneroit à anéantir les forges de la Grande-Bretagne.

Ces vaines considérations n'arrêterent pas le parlement. Il comprit qu'à moins qu'on ne baissât le prix des matieres premieres, la nation perdroit bientôt les innombrables manufactures de fer & d'acier, qui l'enrichissoient depuis si long-tems, & qu'il n'y avoit pas de tems à perdre pour arrêter les progrès de cette industrie chez les autres peuples. On se détermina donc à permettre libre & affranchie de tous les droits, l'introduction du fer de l'Amérique dans tous les ports de l'Angleterre. Cette résolution pleine de sagesse, fut accompagnée d'un acte de justice. Une loi portée sous Henri VIII, défendoit aux propriétaires des bois-taillis de défricher leurs terres. Le gouvernement les autorisa à faire de leurs propriétés l'usage qui leur conviendroit le mieux.

Avant ces dispositions la Grande-Bretagne payoit tous les ans à l'Espagne, à la Norwege, à la Suede & à la Russie, 10, 000, 000 livres, pour le fer qu'elle tiroit de ces contrées. Ce tribut diminua & devoit diminuer encore. Le minerai est si abondant en Amérique, si facile à tirer de la superficie de la terre, que les Anglois ne désespéroient pas de pouvoir en fournir au Portugal, à la Turquie, à l'Afrique, aux Indes Orientales, à tous les pays de l'univers, où l'intérêt de leur commerce étendoit leurs relations.

Peut-être cette nation exagéroit-elle aux autres ou à elle-même, les avantages qu'elle se promettoit de tant d'objets utiles à sa navigation. Mais il lui suffisoit que ses colonies la tirâssent de la dépendance, où les puissances du nord de l'Europe pouvoient en rigueur la tenir, pour la facilité, pour la multiplication de ses armemens. Rien à ses yeux n'étoit plus capable de suspendre son essor naturel vers l'empire des mers, qui seul devoit lui assurer l'empire du Nouveau-Monde.

XLIX. Peut-on espérer que le vin & la soie réussiront dans l'Amérique Septentrionale.

Après s'en être applani le chemin, par la création d'une marine libre, indépendante & supérieure à toutes les marines, l'Angleterre prit tous les moyens de jouir de cette espece de conquête qu'elle avoit faite en Amérique, encore plus par son industrie que par ses armes. A mesure que par une pente naturelle, les établissements s'étoient avancés du Nord au Sud, les entreprises & les projets s'étoient multipliés en raison du sol & du climat. Aux bois, aux grains, aux bestiaux, qui avoient été les productions premieres, s'étoient joints successivement le riz, le tabac, l'indigo, d'autres richesses. Les Anglois qui n'avoient point de vin en Europe, résolurent de le demander aussi au nouvel hémisphère.

On trouve sur le continent septentrional de l'Amérique, une quantité prodigieuse de seps sauvages, qui produisent des raisins dont la couleur, la grosseur & la quantité varient, mais qui sont tous d'un goût âcre & désagréable. On pensa qu'une bonne culture donneroit à cette plante la perfection que la nature brute lui avoit refusée ; & l'on appella les vignerons François dans un pays où les impôts & les corvées ne leur ôteroient pas le fruit & le goût du travail. Les expériences réitérées qu'ils tenterent alternativement avec du plant d'Europe & d'Amérique, furent toutes également malheureuses. Le suc de la vigne y étoit trop aqueux, trop foible, trop difficile à conserver. Le pays étoit trop couvert de bois, qui attirent & font séjourner les brouillards humides & brûlans ; les saisons étoient trop inconstantes ; les insectes trop multipliés autour des forêts, pour laisser éclorre & prospérer une culture si chere à la nation Angloise, à tous les peuples qui ne la possedent point. Un jour viendra peut-être où ces régions fourniront une boisson dont la préparation occupe plusieurs parties du globe, & dont l'usage fait les délices de tant d'autres : mais cet événement n'arrivera qu'après des siecles & des essais très-multipliés. Suivant toutes les probabilités, la récolte du vin sera précédée par celle de la soie, ouvrage de ce ver rampant qui habille l'homme de feuilles d'arbres élaborées dans son sein.

Cette riche matiere coûtoit à la Grande-Bretagne une exportation annuelle d'argent très considérable. On résolut de la tirer de la Caroline, qui par la douceur de son climat & l'abondance de ses mûriers, sembloit favorable à cette production. Des essais que hasarda le gouvernement, en attirant des Vaudois dans la colonie, furent plus heureux & plus productifs qu'on n'avoit osé l'espérer. Cependant les progrès de cette branche d'industrie resterent au-dessous d'une si riante promesse. On en rejetta la faute sur les habitans, qui n'achetant que des négres, dont ils tiroient une utilité prompte & sûre, négligerent d'avoir des négresses qu'on auroit pu destiner avec leurs enfans à élever des vers à soie : occupation convenable à la foiblesse du sexe & de l'âge les plus délicats. Mais on devoit prévoir que des hommes arrivés d'un autre hémisphére dans un pays inculte & sauvage, donneroient leurs premiers soins à la culture des grains nourriciers, à l'éducation des bestiaux, aux travaux de premier beſoin. C'eſt la marche naturelle & conſtante des états bien gouvernés. De l'agriculture principe de la population, ils s'élevent aux arts de luxe ; & les arts de luxe nourriſſent le commerce, enfant de l'induſtrie & pere de la richeſſe. En 1769 le parlement jugea cette époque enfin arrivée. Il arrêta que pour toutes les ſoies crues qui ſeroient portées des colonies dans la métropole, il feroit donné pendant ſept ans une gratification de vingt-cinq pour cent ; pendant les ſept années ſuivantes, une gratification de vingt pour cent ; & pendant ſept années encore, une gratification de quinze pour cent. La culture du cotonnier, de l'olivier, de beaucoup d'autres plantes ne devoit pas tarder à ſuivre. La nation penſoit que l'Europe & l'Aſie avoient peu de productions qui ne puſſent être naturaliſées, avec plus ou moins de ſuccès, dans quelqu'une des vaſtes contrées de l'Amérique Septentrionale. Il n'y falloit que des hommes ; & l'on ne négligeoit aucun des moyens propres à les y multiplier.

Fin du tome premier.

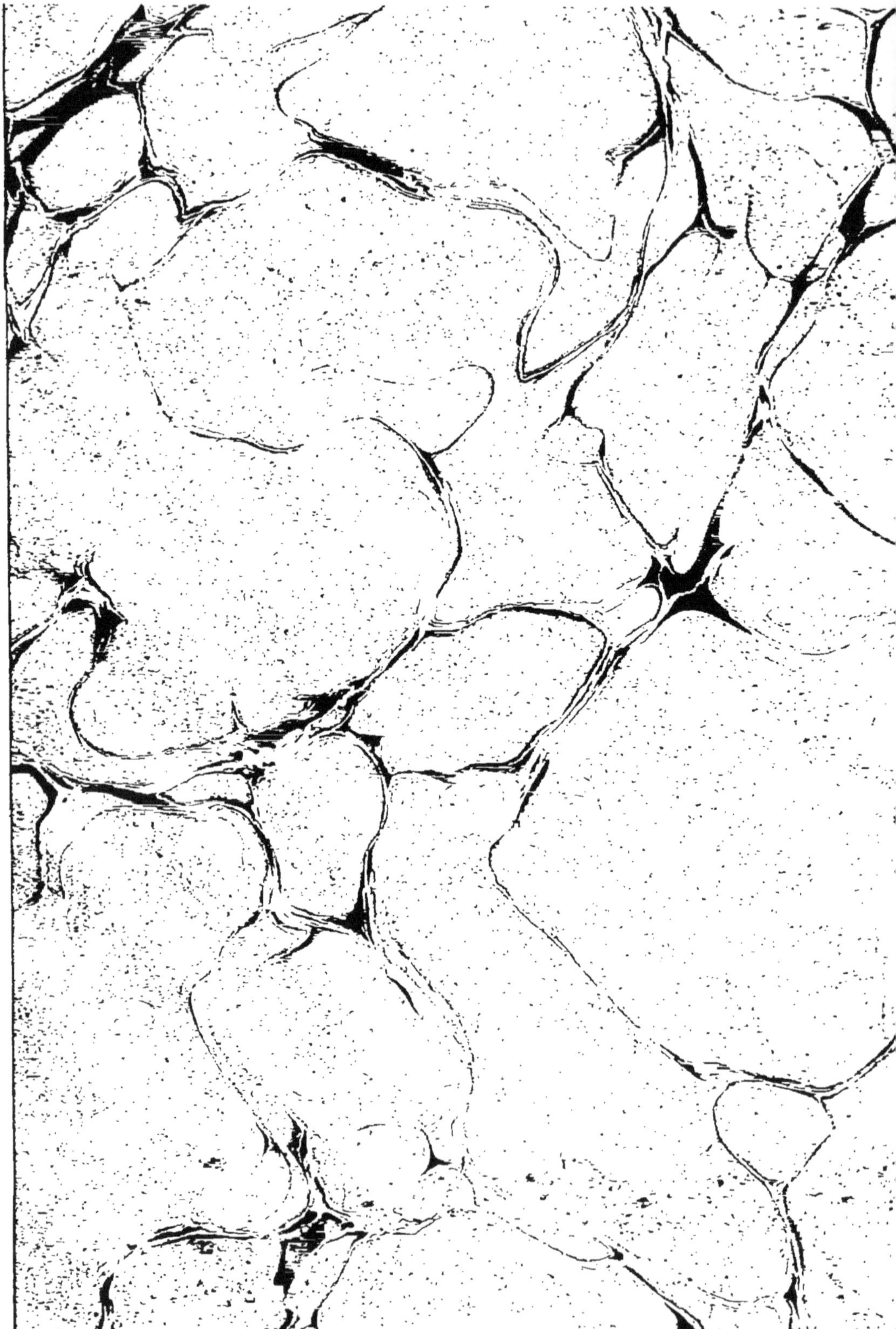

www.ingramcontent.com/pod-product-compliance
Ingram Content Group UK Ltd.
Pitfield, Milton Keynes, MK11 3LW, UK
UKHW031833260826
14628UKWH00001B/372

9 782013 678698